# NAPOLÉON

Écrit par :

Jacques Bainville

Adapté par :

Frédéric de Lavenne de Choulot

La version originale est publiée en 1931

Droits d'adaptation réservés

ISBN : 9798774392285

# LES AUTRES ADAPTATIONS DISPONIBLES :

https://amzn.to/3jwSZ9j

- Les Trois Mousquetaires, d'Alexandre Dumas, partie 1
- Les Fourberies de Scapin, de Molière, complet
- Arsène Lupin, de Maurice Leblanc, partie 1 et 2
- Le Comte de Monte-Cristo, d'Alexandre Dumas, partie 1
- Les Misérables, de Victor Hugo, partie 1
- Candide, de Voltaire, partie 1
- Madame Bovary, de Gustave Flaubert, partie 1
- Bel-Ami, Guy de Maupassant, partie 1
- Biographie de Napoléon, partie 1
- Les Liaisons dangereuses, Choderlos de Laclos, partie 1

# ÊTRE EN CONTACT

J'espère que tu vas aimer ce livre et j'aimerais connaître ton opinion

par commentaire sur amazon en cliquant ici :

https://bit.ly/amazonnapoleon

et/ou par email : frederic.de.choulot@gmail.com

# CHAPITRES DU LIVRE :

# PARTIE 1

# CHAPITRE I

## L'ASSISTANCE DU ROI

En 1768, le roi Louis XV unit la Corse au royaume[1] de France. Cependant[2], il ne pensait pas que Napoléon, le fondateur d'une nouvelle Dynastie, **serait né**[3], l'année d'après, dans cette nouvelle acquisition. Pouvons-nous imaginer l'histoire sans cette annexion ? En fait, beaucoup de Français ne voulaient pas de la Corse car ils l'estimaient inutile et embarrassante. Si leur opinion avait triomphé, **l'île serait tombée dans les mains**[4] des Anglais. Ou, peut-être que la Corse serait devenue indépendante. Alors, **quelle aurait été**[5] la vie de Napoléon ?

Probablement une vie obscure, au centre des rivalités de clans, avec la possession de quelques **oliviers et quelques vignes**[6]. Peut-être avec des fonctions médiocres et honorables. Il n'aurait pas reçu une

---

[1] le royaume = the kingdom ; le roi = the king
[2] Cependant = However
[3] serait né = would be born
[4] L'île serait tombée dans les mains = the island would have fallen into the hands
[5] quelle aurait été = what would have been
[6] oliviers et quelques vignes = olive trees and some vines/vineyards

éducation militaire. Sans la France, son génie ne se serait pas révélé. L'annexion a été une chance pour lui, car la Corse a rejoint une nation libérale, confiante et généreuse pour ouvrir ses meilleures écoles pour les nouveaux Français.

Puis[7], tout le territoire français **a été bouleversé**[8] quand notre jeune homme corse avait vingt ans, en 1789, dans la Révolution française. Ce vaste désordre a ouvert de grandes opportunités aux individus talentueux.

Cet homme extraordinaire savait, non seulement que sa destinée avait été prodigieuse, mais aussi que les évènements[9] avaient été favorables pour l'élever à Empereur. « Ma vie est un grand roman[10] ! », il déclare, **vers**[11] **la fin**. Une autre fois, à **Sainte-Hélène**[12], il dit : « mille ans vont passer avant qu'un autre homme **monte si haut**[13]. »

Il n'avait jamais oublié ses débuts, la petite noblesse de sa famille. **Voyons**[14], Charles Bonaparte, son père, est vaguement avocat. C'est un pauvre gentilhomme[15] chargé d'enfants. Napoléon a sept frères et sœurs. Ils vivent pauvrement dans la ville d'Ajaccio avec la simple

---

[7] Puis = Then
[8] a été bouleversé = has been overwhelmed/changed
[9] un évènement = an event
[10] un roman = a novel
[11] vers la fin (de sa vie) = towards the end (of his life)
[12] Saint-Hélène est l'île où Napoléon est exilé à la fin de sa vie.
[13] monte si haut = rises so high
[14] Voyons = Let's see
[15] un gentilhomme = a gentleman

ressource d'une plantation de fruits. Ils dépendent des cadeaux et de l'héritage de l'oncle Lucien, qui a une haute position ecclésiastique et des économies[16]. En 1776, Charles Bonaparte obtient un certificat d'indigence attestant qu'il n'a pas **les moyens**[17] pour éduquer ses fils. Pour voyager sur le continent, il emprunte[18] de l'argent à un homme appelé Beaumanoir, qui sera remboursé seulement quand Napoléon arrivera à la tête du pays. Voilà d'où il a commencé.

Napoléon **se moquait des généalogistes flatteurs**[19] qui disaient que ses ancêtres avaient été des souverains en Italie. En réalité, la famille des Bonaparte ou Buenaparte n'était pas riche. **L'un d'eux**[20], au début du VXIème siècle[21], probablement pour échapper[22] aux conflits en Florence, était venu s'établir en Corse, à Ajaccio. Les Bonaparte avaient une bonne réputation, mais pas de richesse. Les Corses étaient **égaux entre eux**[23], dans la médiocrité des richesses. Finalement, Charles Bonaparte réussit[24] à obtenir des avantages pour ses origines nobles seulement après l'annexion. **En effet**[25], à ce moment, sous la monarchie, la noblesse est devenue **un moyen d'obtenir des faveurs**[26].

---

[16] des économies = savings
[17] les moyens = the means
[18] emprunter = to borrow ; un emprunt = a loan
[19] se moquait des généalogistes flatteurs = mocked flattering genealogists
[20] L'un d'eux = One of them
[21] un siècle = a century
[22] échapper = to escape
[23] égaux entre eux = equal between them/equal to each other
[24] réussir = to succeed
[25] En effet = Indeed
[26] un moyen d'obtenir des faveurs = a way/means to get favors

Charles Bonaparte avait un beau physique, intelligence, courage, **art de plaire, c'était quelqu'un**[27] ! À dix-huit ans, il avait marié Letizia Ramolino, qui avait quatorze ans. Belle, **à peine**[28] **éduquée**, femme forte et même un peu virile, elle représentait bien la Corse.

Plus tard, quand Letizia sera la mère de l'empereur, Napoléon, les gens se moqueront de son avarice. Elle avait la passion de « **mettre de l'argent de côté**[29] ». En fait, c'est parce qu'elle avait connu la pauvreté, les chaussures qu'on doit réparer, la frugalité. La Corse n'est pas une **terre**[30] d'abondance. Un de ses proverbes dit qu'on mange comme on peut : « **Tout ce qui ne tue pas engraisse**[31]. » Ce proverbe, Letizia devait le répéter souvent. Elle avait gardé l'habitude de quitter la table **ayant encore faim**[32]. Pendant très longtemps, il était nécessaire de nourrir huit jeunes appétits : Joseph, Napoléon, Lucien, Elisa, Louis, Pauline, Caroline et Jérôme ! Même avec un million de revenus, Madame Mère d'empereur pensera encore à cette période difficile. Dans son palais de Paris, elle dira, pour s'excuser d'être trop attentive aux **dépenses**[33] : « J'ai sept ou huit enfants-souverains qui, peut-être un jour, me retomberont dans les bras. »

---

[27] art de plaire, c'était quelqu'un ! = art of pleasing, it was someone!
[28] à peine éduquée = barely educated
[29] mettre de l'argent de côté = to put money aside/to save money
[30] une terre = a land
[31] Tout ce qui ne tue pas engraisse $\doteq$ Everything that doesn't kill fattens
[32] ayant = having ; avoir faim = to be hungry ; ayant encore faim = still hungry
[33] aux dépenses = to expenses ; une dépense = an expense

Napoléon est le fils de parents jeunes et féconds, né le 15 août 1769, après Joseph. Il est le quatrième, en réalité, car deux enfants sont déjà morts très jeunes.

Charles Bonaparte avait lutté[34] pour la liberté de la Corse. Il avait combattu contre les Français. Cependant, il avait réfléchi. La cause de la liberté corse était **sans espoir**[35]. La France offrait la réconciliation. Il était nécessaire de continuer à vivre, garder la maison d'Ajaccio, la vigne et les oliviers. Alors, il s'est rallié à la France.

Rallié avec sincérité, car désormais[36], les Bonaparte seront toujours dans le parti politique français, en demandant les fruits de cette union. Charles veut établir une bonne relation avec le commandant français M. de Marbeuf. Ce Français accueille[37] avec plaisir la courtoisie de Charles qui parle en faveur de son administration. Cependant, Charles, dont[38] la famille augmente, dont les ressources diminuent, doit trouver une solution. Alors, il devient un solliciteur infatigable, compétent et chanceux.

Ainsi[39], grâce à la bienveillante[40] protection de M. de Marbeuf, Charles Bonaparte devient député de la noblesse aux nouveaux « États

---

[34] lutté = fought ; lutter = to fight
[35] sans espoir = without hope
[36] désormais = from now on
[37] accueille = welcomes ; accueillir = to welcome
[38] dont = which / whose
[39] Ainsi = Thus
[40] Bienveillant(e) = benevolent

de Corse » et il obtient des bourses[41] pour ses enfants. Napoléon entre à l'école militaire de Brienne grâce à Marbeuf. C'est la chance de sa vie. Napoléon ne l'ignorait pas. Plus tard, il a payé sa dette par toutes sortes de services donnés à la veuve[42] et aux enfants de son ancien protecteur. Charles ne regrettait plus la défaite qui l'avait fait devenir Français.

L'enfance de Napoléon n'est pas une série de prodiges. C'est un petit garçon turbulent et volontaire qui aime jouer le soldat et qui a des facilités pour calculer. Un petit Corse comme les autres, demi-paysan, ardent et méditatif, **de cette île fière**[43].

Pourtant[44], c'est un enfant très sauvage[45]. À neuf ans, il parle seulement son dialecte corse. Donc, c'est un étranger[46] quand il arrive sur le continent, en France. Grâce à l'aide financière du gouvernement, Napoléon doit devenir officier, Joseph prêtre[47]. Ils vont embarquer le 15 décembre 1778. Sur sa route pour Versailles, où Charles va car il est député, les deux enfants sont laissés au collège d'Autun.

La France faisait les choses très bien. Elle éduquait gratuitement les enfants des gentilshommes pauvres. Ainsi, entre neuf et dix-sept ans, le jeune Napoléon perd le contact avec son île natale, où il retournera

---

[41] une bourse = a scholarship
[42] la veuve = the widow
[43] de cette île fière = of/from this proud island
[44] Pourtant = However
[45] sauvage = wild
[46] un étranger = a stranger
[47] un prêtre = a priest

seulement en septembre 1786. « Élève du roi », il reçoit, dans l'environnement français, une éducation française, avec des jeunes gens de bonne condition qui viennent de toutes les provinces du royaume. Il est élevé[48] dans des établissements officiels. Le premier est administré par des religieux, le second par des militaires, donc il y apprend les traditions de l'ancienne France.

Puis, à l'École militaire de Paris, Napoléon respire l'air de la modernité. Les Pères religieux de l'école, eux-mêmes, étaient pénétrés par ce modernisme. Avec leur élève, Napoléon, ils ne l'ont pas forcé à être un catholique très pratiquant. Leur religion devait être assez libre. Napoléon gardera une appréciation pour le catholicisme. Mais, certaines expressions **de la foi l'étonneront**[49] **toujours** et il donnera cette remarque : « Je croyais que les hommes étaient réellement plus avancés que cela. »

Alors, notre garçon transplanté sur le continent, déraciné[50], va absorber **malgré**[51] **lui** toutes les idées françaises et en même temps **réagir contre elles**[52]. Ainsi, sa nature « volcanique » est distinguée par un de ses professeurs. Sa personnalité est **un mélange puissant**[53], très différente de son frère Joseph, pour qui, les mêmes circonstances n'ont rien produit.

---

[48] élevé = raised/educated
[49] de la foi l'étonneront toujours = of the faith will always astonish him
[50] déraciné = uprooted ; une racine = a root
[51] malgré lui = despite himself
[52] réagir contre elles = to react against them
[53] un mélange puissant = a powerful mix

Après moins de quatre mois au collège d'Autun, à apprendre le français, Napoléon est capable d'entrer à l'École royale militaire de Brienne. Il est raconté que, quand il se sépare de Joseph qui pleure beaucoup, Napoléon **verse une seule larme**[54]. De plus, il se force à la cacher. Un de ses professeurs, l'abbé Simon, dit que cette larme solitaire représente, en fait, **plus de douleur qu'un chagrin bruyant**[55]. L'abbé Simon est intelligent et sensible. Cet enfant capable de se contrôler annonce un caractère et une grande volonté[56].

À Brienne, Napoléon reçoit, « **aux frais du roi**[57] », une éducation très haute, une instruction sérieuse. L'objectif de l'école est de préparer des officiers instruits, capables de se montrer dans le monde et, dans tous les aspects, d'honorer l'uniforme. On fait un peu de latin. On apprend l'allemand, langue considérée comme indispensable pour les militaires, mais dans laquelle Napoléon n'a jamais été bon. Les arts, la musique et la danse ne sont pas négligés[58]. En bref, c'est une éducation assez complète.

Ce qui est important, c'est que, cette éducation destinée à former des officiers français, Napoléon la reçoit à 10 ans, avec d'autres enfants dont les parents ont aussi prouvé leurs origines nobles. Des impressions l'ont marqué. Il va comprendre la France et va savoir lui

---

[54] verser = to pour/to shed ; « verser une larme » = shed a tear
[55] plus de douleur qu'un chagrin bruyant = more pain than a noisy grief
[56] la volonté = the willingness
[57] aux frais du roi = at the expense of the king ; un frais = a fee
[58] négligé = neglected

parler. Il dira à Sainte-Hélène, en méditant son passé : « Je suis plus de la Champagne que de Corse, car, dès[59] l'âge de neuf ans, j'ai été élevé à Brienne ». Sans dénier l'influence de l'hérédité, nous pouvons dire que l'éducation la corrige ou la guide.

Il est vrai que l'enfant Bonaparte, à Brienne, se proclame fièrement corse et républicain. Paoli, le général corse indépendantiste, est son grand héros. Arrivé dans un endroit inconnu, Napoléon est solitaire, victime de cet âge sans pitié qui se moque de son nom, de son accent et de sa bizarrerie. Alors, notre garçon orgueilleux[60] se durcit[61]. Il est appelé « le Corse ». Il s'affirme Corse. Bien sûr, même avec sa fierté[62] et son énergie, on ne peut pas demander trop à cet enfant de neuf ans. Toute personne qui a connu la rigidité de l'internat[63] comprend combien il a probablement souffert. Loin de sa famille, arraché[64] à son pays, c'est un exilé. Le climat même est hostile pour lui. La privation de soleil et de lumière est cruelle aux personnes du sud. Si le collège est l'école de la vie, les années de Brienne sont dures pour Napoléon.

Cependant, il est respecté pour son caractère par les élèves comme les professeurs. L'école l'acclame pendant l'hiver où il conduit une bataille de boules de neige **selon les règles de l'art de la guerre**[65].

---

[59] dès = from
[60] orgueilleux = fier = proud
[61] durcir = to harden/toughen ; dur = hard/tough
[62] la fierté = the pride ; fier = proud
[63] l'internat/le pensionnat = boarding school
[64] arraché de son pays = torn away from his country ; arracher = to tear
[65] selon les règles de l'art de la guerre = according to the rules of the art of war

Il a même le plaisir de voir ses bastions et ses remparts admirés par les habitants de Brienne. Pourtant, il a seulement eu, comme les autres élèves, un cours de fortification élémentaire. Mais il profite de tout.

Il profite de tout ce qu'il ne rejette pas. Car, il n'est pas intéressé par tous les sujets. Comme beaucoup de collégiens qui sont devenus remarquables plus tard dans la vie, Napoléon s'émancipe souvent du programme scolaire. Il apprend pour lui-même, non pour l'examen. Rebelle avec le latin et la grammaire, **qui lui semblent inutiles**[66], il lit abondamment pendant ses heures de liberté, avec une préférence pour la géographie et pour l'histoire. On peut dire que sa jeunesse[67] est une longue lecture[68]. Il gardera, de cela, une abondance extraordinaire de notions et d'idées. Son imagination s'enrichie. Son esprit[69] s'est ouvert à mille choses. Il a aussi acquis la capacité de bien s'exprimer. Tout cela sera utile. Nous verrons que, jusqu'à vingt ans, il a été un homme de lettres **au moins autant**[70] qu'un militaire.

Après cinq ans à Brienne sans voir sa famille, Napoléon est appelé par son père au parloir. Charles Bonaparte a encore des problèmes d'argent. En plus, maintenant, sa santé se détériore rapidement. Ses enfants grandissent. Le plus grand, Joseph, ne montre **aucun goût**[71] **pour la carrière** ecclésiastique et veut entrer dans

---

[66] qui lui semblent inutiles = that seem useless to him
[67] la jeunesse = the youth ; jeune = young
[68] une lecture = a reading
[69] l'esprit = the mind
[70] au moins autant que = at least as much as
[71] ne montre aucun gout pour la carrière = shows no taste for a career

l'armée, cela afflige[72] sa famille. Napoléon lui-même interfère, il juge son grand frère, il dit qu'il ne reconnait pas en Joseph des aptitudes pour la profession militaire. Ce caprice de Joseph perturbe les calculs des parents qui comptent sur les avantages attachés au statut de prêtre. Après Joseph, il y a aussi Lucien, pour qui le temps est venu d'entrer au collège. Il est intégré à Brienne comme élève payant, le ministre refuse de lui donner une bourse parce qu'il n'est pas autorisé d'avoir deux frères boursiers en même temps. L'espoir du père, tourmenté par le pressentiment de sa fin imminente, **repose**[73] **sur** Napoléon, dont Charles discerne l'énergie, l'intelligence, le bon sens précoce, l'autorité émergente. **Le soutien**[74] de la famille, ce serait lui.

Cependant, **bien**[75] **que** bon élève, Napoléon n'est pas encore choisi pour l'École de Paris. L'inspecteur général des écoles militaires, le chevalier[76] de Keralio, a remarqué les capacités de l'élève Bonaparte et le destine à l'armée navale. Le jeune Corse aime la mer. Alors, il est **tenté par le métier de marin**[77]. Pouvons-nous imaginer Napoléon, capitaine de frégate, sur les bateaux en ruine de la Révolution ? Toute sa carrière serait manquée. Mais sa mère, effrayée par les dangers de la navigation, dévie[78] ce projet. De plus, Keralio est remplacé par Reynaud

---

[72] affliger = to afflect
[73] l'espoir repose sur Napoleon = hope rests on Napoleon
[74] le soutien = the support ; soutenir = to support
[75] bien que = although
[76] le chevalier = the knight
[77] tenté par le métier de marin = tempted by the profession of sailor
[78] dévier = to deviate/to deflect

de Monts, qui, à l'examen, « ne juge pas que Napoléon peut être placé dans la marine ».

Il doit attendre encore un an. Notre étudiant de Brienne n'a pas une idée précise de l'armée dans laquelle il serait destiné. Finalement, Reynaud de Monts le désigne avec la mention « artillerie » pour intégrer le corps des cadets-gentilshommes à la grande École militaire de Paris. Ses bonnes notes en mathématiques décident de ce choix. Le fait qu'il soit corse n'est pas un préjudice car l'inspecteur s'intéresse exclusivement aux aptitudes et au mérite.

Chaque génération croit que le monde a commencé avec elle, et pourtant, quand on regarde en arrière, on voit que beaucoup de choses ressemblent à ce qu'elles sont aujourd'hui.

**À la veille**[79] de la Révolution, l'artillerie française est, de l'opinion général, la meilleure de l'Europe. Sous la direction de Gribeauval, elle a encore progressé. Napoléon va avoir des excellents professeurs pour apprendre le métier d'artillerie avec l'armée royale. C'est le maréchal de Ségur, ministre de la Guerre, qui, le 22 octobre 1784, signe son brevet de cadet-gentilhomme. Seize ans plus tard, le premier Consul Napoléon donnera une pension à ce vieux soldat de la monarchie, et le recevra au Palais des Tuileries.

---

[79] À la veille = On the eve

Sous Louis XVI, l'école où entre notre nouveau cadet-gentilhomme est un établissement modèle. Les bâtiments eux-mêmes, dessinés par Gabriel, sont encore parmi[80] les plus beaux de Paris. Tout donne un air de grandeur. Bonaparte est surpris par cette magnificence. Il trouve même la dépense[81] excessive. Il est vrai que, habitué dès sa jeunesse à compter l'argent, il sera toujours économe. Mais, cette École militaire, où les choses étaient très bien faites, lui donnait peut-être pour la première fois l'impression que la France était un très grand pays.

Là encore, Napoléon a des camarades de classe de très bonnes familles. Quelques-uns s'appellent Montmorency-Laval, Fleury, Juigné, celui-ci est neveu d'un cardinal de Paris. Ils sont surpris par le prénom du cadet Bonaparte et ils lui disent qu'ils ne trouvent pas de « Napoléon » inscrit au calendrier des saints. Napoléon répond : « Il y a seulement trois cent soixante-cinq jours dans l'année et **tant**[82] **de** saints ! » Bonaparte, à Paris, approche l'aristocratie française plus encore qu'à Brienne.

À l'École militaire, ses professeurs reconnaissent en lui du feu, de l'intelligence. Plus tard, quelques-uns se vanteront[83] d'avoir discerné son génie. Pourtant, sa réputation de brillant élève est si mal établie que le professeur d'allemand est surpris, un jour, d'apprendre que le garçon, qu'il trouve stupide, est excellent en mathématiques.

---

[80] parmi = among
[81] la dépense = the expense
[82] tant de = so many/so much
[83] se vanter = to boast

C'est pendant l'année de l'École militaire, en février 1785, que son père, Charles Bonaparte, meurt d'un cancer à l'estomac. Il n'avait pas encore trente-neuf ans. Il était venu à Montpellier pour consulter les docteurs d'une Faculté fameuse. Son fils Joseph et le séminariste Fesch étaient près de lui. Si nous devons les croire, Charles agonisant aurait prophétisé que Napoléon conquerrait l'Europe. En tout cas, il comptait sur son second fils pour diriger la famille en détresse et sur les revenus de ce futur officier. Charles a fait de son mieux pour ses enfants, espérant seulement qu'ils aient toujours quelque chose à manger !

Napoléon n'est présent **ni**[84] aux derniers moments, **ni** aux funérailles. Il écrit à sa mère une lettre en très beau style que les professeurs de l'École vérifient, car les officiers du roi doivent apprendre à s'exprimer noblement. Ce qui apparait dans ces lignes avec emphase, c'est le sentiment, nouveau mais inspirant pour un jeune homme, d'une grande responsabilité. Plus tard, il parlera rarement de ce père qu'il a connu si peu. Mais un jour, à Sainte-Hélène, pensant à l'extraordinaire série des circonstances qui ont composé sa vie, il a déclaré que rien de tout cela serait arrivés si son père n'avait pas disparu avant la Révolution. En effet, Charles Bonaparte, si vivant, devrait choisir entre la guillotine et l'émigration. Le fils, **peu importe**[85] ses opinions personnelles, aurait été engagé, compromis par celles[86] du père. L'empereur Napoléon, rêvant à ces hasards dont toute la vie

---

[84] ni … ni … = neither … nor …
[85] peu importe = no matter/whatever
[86] celles de = those of

dépend, dira : « Et voilà, ma carrière aurait été entièrement perturbée et perdue. »

Cependant, la mort de son père **le presse de réussir le concours**[87] de l'école. Il doit, le plus tôt possible, obtenir le titre et le salaire[88] d'officier. En septembre 1785, examiné par le fameux scientifique Laplace, il obtient la quarante-deuxième position sur les cinquante-huit acceptations. C'est un beau succès car il a juste un an de préparation et la plupart des participants qui obtiennent un meilleur rang que lui viennent de la prestigieuse école d'artillerie de Metz. Immédiatement, il devient lieutenant sans avoir été d'abord élève-officier. **Toutefois**[89], **malgré** ses seize ans, il n'est pas le plus jeune de sa promotion. Ce résultat est très bien, mais l'illustre Laplace, qui sera un jour son ministre de l'Intérieur, n'a pas crié d'admiration devant Bonaparte au tableau noir[90].

« J'ai été officier à l'âge de seize ans et quinze jours. » Il écrit dans un cahier de jeunesse qui a le titre de *Époques de ma vie,* cette mention atteste un juste contentement de lui-même. Ils seront fiers, là-bas, à Ajaccio. De plus, le futur est assuré. Le jeune homme a une position, et, même si petit, un salaire. **Il est temps**[91]. En Corse, la vigne de Milelli, les chèvres de Bocagnano, la plantation, les spéculations désastreuses, ne seraient pas suffisantes pour la subsistance de tant de

---

[87] le presse de réussir le concours = urges him to succeed in the competition
[88] un salaire = a salary
[89] Toutefois, malgré = However, despite
[90] le tableau noir = the blackboard
[91] Il était temps = It's about time

frères et de sœurs. Mais, un des garçons, au moins, est sauvé, et Letizia se sent soulagée[92].

---

[92] soulagée = rassurée = relieved

# CHAPITRE II

## L'UNIFORME D'ARTILLEUR

Assigné pour le régiment de « La Fère », notre cadet-gentilhomme obtient la garnison qu'il désire. Il est à Valence, c'est le sud, sur le chemin de la Corse et le régiment fournit[1] deux compagnies militaires à l'île. Alors, Bonaparte a l'espoir d'être envoyé dans son pays. Le cœur toujours nostalgique, il y vit par la pensée. Il crée, par l'imagination et la littérature, une idée tellement[2] embellie que la réalité va le décevoir. En fait, cette Corse qu'il a quittée à neuf ans, il la représente par les livres d'hommes qu'il appellera un jour des idéologues. Il se l'imagine **d'après**[3] le célèbre écrivain Rousseau qui, lui-même, n'a jamais été là-bas. Rousseau construit l'image d'une

---

[1] fournir = to provide
[2] tellement embellie = so embellished
[3] d'après = from/according to

République idéale, d'une terre d'hommes libres, égaux, vivant en accord avec la nature.

Notre petit officier est un intellectuel, **tandis que**[4] son ami, Mazis, méprise[5] les livres et préfère penser aux femmes et à l'amour. L'adolescent Bonaparte rêve aussi, mais d'autre chose. Quand il lit Jean-Jacques Rousseau, il s'intéresse au livre du *Contrat social* (traité de philosophie politique), non à celui de la *Nouvelle Héloïse* (passion amoureuse). Il approfondit[6] ses connaissances concernant le droit[7] naturel et les constitutions. Plus que jamais, il est dans les livres, et le démon d'écrire le tourmente déjà. Il écrira de mieux en mieux, même quand, arrêtant de tenir le stylo trop lent, il dictera sa correspondance et ses Mémoires. C'est un homme de lettres, comme le reste de la famille, comme l'ancêtre italien Jacopo Buonaparte qui a écrit le livre « Sac de Rome ». Joseph, Lucien et Louis, tous, plus ou moins, vont aussi **noircir**[8] **le papier.**

Nous avons la liste de ses lectures[9]. Nous avons ses cahiers de notes et ses premières tentatives d'écriture. C'est surprenant de voir que l'art de la guerre y est relativement absent. Le métier militaire, Bonaparte l'apprend au jour le jour, par le service et par l'expérience. Il assimile tout et il profite aussi de **cet enseignement-là**[10]. Arrivé dans la

---

[4] tandis que = while/whereas
[5] mépriser = to despise
[6] approfondir = to deepen ; profond = deep
[7] le droit = the right
[8] Expression : « noircir le papier » = écrire ; noircir = to blacken
[9] une lecture = a reading

chambre qu'il a réservée à Mlle Bou, il lit sans interruption ce que lirait un élève de l'école des sciences politiques.

Plus tard, l'empereur dira avec fierté que, quand il avait « l'honneur d'être simple lieutenant en second d'artillerie », il avait dévoré la bibliothèque et qu'il n'avait rien oublié, « même des matières qui n'avaient aucune relation avec ma carrière ». C'est parce que, pendant ces années studieuses de Valence, l'amour de la Corse **le dirige et le soutient**[11]. Pour elle, **il a soif de connaissances**[12]. Il pense à écrire l'histoire de son île et de la dédier[13] à un autre idéologue qu'il admire passionnément : l'abbé Raynal. Mais sa curiosité s'étend. Elle va à l'étude des hommes, des pays, des sociétés, des dirigeants[14], des religions et des lois. Sa curiosité va, par instinct, à ce qui est général et à ce qui est grand. Le jour où **le chemin du pouvoir**[15] **s'ouvrira** pour notre soldat, la quantité prodigieusement variée de ses lectures le positionnera au-dessus de ses rivaux.

Soldat, il doit encore le devenir. Il est passé par des écoles militaires qui sont plutôt[16] des maisons d'éducation. Comme ses camarades, suivant la règle, il est d'abord simple canonnier, puis caporal et puis sergent. Dans cette armée de l'Ancien Régime (régime avant la

---

[10] cet enseignement-là (emphase) ; cet homme-là = this man here
[11] le dirige et le soutient = directs him and supports him
[12] il a soif de connaissances = he is thirsty for knowledge
[13] dédier = to dedicate
[14] un dirigeant = a leader
[15] le chemin du pouvoir s'ouvre = the path to power opens up
[16] plutôt = rather

révolution), tout est sérieux et les jeunes aristocrates doivent faire leur stage[17] comme tout le monde. C'est aussi une excellente école. Bonaparte, pour toute sa vie, saura[18] ce que c'est qu'être l'homme d'une troupe. Il saura comment il pense et ce qu'il aime. Il saura ce qu'il doit lui dire et comment lui parler.

En janvier 1786, il est habillé de cet uniforme bleu et rouge qu'il considèrera toujours comme le plus beau du monde. Enfin, il reçoit les fonctions d'officier et apprécie ce prestige. Alors, à Valence, une nouvelle société s'ouvre à lui. Il ne vit pas entièrement en solitaire. Il est un peu sauvage, bizarre et prétentieux, mais il est aussi sensible à l'accueil[19] d'une femme adorable, Mme du Colombier, qui lui donne de bons conseils[20] et qui a une fille, Caroline, avec laquelle il commence une histoire d'amour timide. Il mange des cerises[21] avec elle, comme Jean-Jacques Rousseau avec Mlle Galley. Même avec Mlle Caroline, Bonaparte est littéraire, innocemment. Cependant, bien qu'il est habillé des vêtements d'artilleur, il doit encore apprendre l'artillerie.

Rien n'honore plus Napoléon que le **témoignage**[22] **reconnaissant** qu'il a donné à ses professeurs et chefs. Il y a un âge où nous commençons à savoir que tout homme, même s'il a du génie, **doit beaucoup aux autres**[23]. Il a parlé d'eux avec une chaleur[24] sincère. « Le

---

[17] un stage = an intership
[18] saura = will know ; verbe « savoir » au futur
[19] l'accueil = l'hospitalité
[20] un conseil = an advice
[21] cerises = cherries
[22] le témoignage reconnaissant = the grateful testimony

corps de l'artillerie », il dira à Las Cases, « était, quand j'y entrais, le meilleur, le mieux composé de l'Europe... C'était un service, une sorte de famille, des chefs entièrement paternels, les plus braves, les plus dignes[25] gens du monde, purs comme de l'or[26] ». Il dira aussi : « Les jeunes gens se moquaient d'eux un peu mais les adoraient beaucoup. »

En 1786, notre petit sous-lieutenant de seize ans et demi commence **à peine**[27] à apprendre la balistique, la tactique et la stratégie. Où il se sent bien, c'est dans sa pauvre chambre, près de ses livres et du stylo. Sans argent, il prend son plaisir avec les idées et l'écriture. Il jette les mots sur le papier concernant une invocation furieuse aux héros de la liberté corse. Il raisonne à propos du destin de son pays natal et conclut que la Corse a le droit de se libérer de l'autorité des Français. Une autre fois, il écrit une méditation romantique : « Toujours seul au milieu des hommes, je rentre chez moi pour rêver avec moi-même et m'abandonner à toute la vivacité de ma mélancolie. De quel côté est-elle tournée aujourd'hui ? Du côté de la mort. » Au même moment, le grand écrivain Chateaubriand, sous-lieutenant au régiment de Navarre, **aurait**[28] **pu** composer la même lamentation. Ce pessimisme de l'adolescence **n'est-ce pas de tous les siècles**[29] ?

---

[23] doit beaucoup aux autres = owes a lot to others ; devoir à quelqu'un
[24] une chaleur = a warmth ; une personne chaleureuse = a warm person
[25] dignes = worthy/dignified
[26] l'or = the gold
[27] à peine = barely
[28] aurait pu = could have
[29] n'est-ce pas de tous les siècles ? = Isn't it of all centuries ?

Mais pourquoi veut-il mourir par métaphore ? À cause de la Corse **esclave**[30] **et malheureuse**. Le moment de ses premières vacances approche. Il va retourner sur son île, objet de ses exercices littéraires, pensée de tous les jours. « Quel spectacle vais-je voir dans mon pays ? Mes compatriotes enchaînés[31] et qui embrassent, en tremblant, la main de l'oppresseur ? » Enfin, au mois d'août, il a ses vacances. Le 1er septembre, il part pour Ajaccio. Il compte très exactement qu'il est « arrivé dans sa Corse sept ans et neuf mois après son départ, âgé de dix-sept ans et un mois ». Sa patrie, il va la redécouvrir. Avec l'uniforme qu'il sera si fier de montrer là-bas, il emporte un bagage rempli[32] de livres. Mais quels livres ? Rousseau, bien sûr, et des historiens, des philosophes, Tacite (historien et sénateur romain), Montaigne (philosophe, humaniste, écrivain érudit français), Platon (philosophe grec), Montesquieu (penseur politique, précurseur de la sociologie, philosophe et écrivain français du siècle des lumières) et Tite-Live (auteur romain du livre monumental l'*Histoire romaine*). Il emporte aussi des livres de poètes, Corneille, Racine, Voltaire « que nous citions[33] tous les jours », raconte son frère Joseph plus tard. Pas de volumes militaires. Le dieu de la guerre est encore inexistant. En tout cas, il est en vacances.

Il va prolonger ces vacances vingt mois, avec différents prétextes. D'abord une mauvaise santé, puis des affaires de famille

---

[30] esclave et malheureuse = slave and unhappy
[31] enchaînés = chained ; une chaine = a chain (/a channel)
[32] rempli = filled ; remplir = to fill
[33] citer = to quote/to cite

urgentes pour obtenir des extensions de congé[34]. Au total, c'est plus d'un an et demi. Cela représente beaucoup dans cette vie qui sera courte et précipitée, où le temps sera précieux. Mais, en arrivant dans cette Corse qui, à distance, a beaucoup occupé son esprit, il réalise une chose troublante, c'est qu'il en parle mal le langage. Il a oublié un peu le dialecte **à tel point**[35] **qu'il** doit le réapprendre. Sept années de France ont marqué leur impression. Il est déjà un peu moins corse, bien qu'il insiste à l'être avec passion.

Pourtant, dans ce long séjour[36], il reprend contact avec sa terre. Il a pour elle un amour de principe, le type d'amour le plus obstiné. Il projette encore d'écrire l'histoire de son île et il collecte des documents, des témoignages[37]. Mais, ses journées d'Ajaccio sont déjà **tellement remplies**[38] ! Par les affaires de sa famille, les soucis d'argent, cette plantation désolante qui va de plus en plus mal. Par la santé de son vieil oncle le vicaire, pour lequel il sollicite une consultation du fameux docteur Tissot par une lettre dans un beau style que le grand praticien laisse sans réponse. Ses vacances finies, le projet d'écrire *l'Histoire de la Corse* n'est pas encore commencé.

« Monsieur Napoléon de Bonaparte, lieutenant en second au régiment de La Fère artillerie », écrit beaucoup. Maintenant, ce sont des lettres de supplication. Il devient solliciteur, comme son père. Letizia le

---

[34] congé = time off
[35] à tel point que = "to such a point that" → to such an extent that
[36] un séjour = a stay
[37] un témoignage = a testimony ; un témoin = a witness
[38] tellement remplies = so full/so filled ; remplir = to fill

presse de contacter des bureaux et des ministres. Elle-même a envoyé réclamation après réclamation, multiplié les justifications, signées « veuve[39] de Bonaparte », pour obtenir les compensations promises à la famille. Pour obtenir quelque chose, il faut suivre l'exemple du père, réclamer **sur place**[40], s'adresser directement à Versailles. Napoléon fait le voyage. Le voilà à Paris, avec peu d'argent, mais pour la première fois, libre et grand garçon dans la ville que, de l'École militaire, il n'avait pas explorée.

Il va au département du contrôle général. Il attend chez les chefs de bureau pour une audience, après quoi, il se promène dans Paris. Un soir de novembre, en sortant du théâtre des Italiens, il marche dans les galeries du Palais Royal quand il rencontre « une personne du sexe » (une prostituée). Il trouve qu'elle a « un air décent... Sa timidité m'a encouragé et je lui ai parlé ». Ainsi, il connait la femme pour la première fois. Rentré à son modeste hôtel, il écrit, car il sent toujours le besoin d'écrire, un rapport de cette rencontre, curieuse histoire. Mais, noircir le papier est pour lui comme une rage. Il écrit aussi un parallèle entre l'amour de la gloire, qui est caractéristique des monarchies, et l'amour de la patrie qui appartient[41] aux républiques.

Le futur empereur ramène[42] peu de résultats de ses efforts de son voyage à Paris. À Ajaccio, il retrouve sa mère, plus que jamais,

---

[39] une veuve = a widow
[40] sur place = on the spot/on site
[41] appartient = belongs ; appartenir = to belong
[42] ramener = to bring back

manquant d'argent, parce que le séjour à Paris a coûté cher. À ce moment, elle n'a pas de servante. Alors, elle demande à Joseph, qui est allé en Italie à Pise acquérir son diplôme de docteur en droit, de lui ramener une servante « qui va cuisiner pour nous ». Il faut aussi essayer une requête suprême de subvention pour la plantation en parlant à l'intendant de la Corse. Napoléon va donc à Bastia. Il y rencontre ses collègues militaires, il dine avec eux, **les surprend**[43] avec son « esprit direct et brillant », son « style doctoral ». Il les scandalise aussi par des théories que nous appellerions aujourd'hui autonomistes et séparatistes. L'un de ces officiers français lui demande « s'il serait capable de **tirer l'épée**[44] contre un représentant du roi pour qui il porte l'uniforme ? » Bonaparte, embarrassé, ne répond pas. **Il se mord les lèvres**[45], peut-être, regrette d'avoir trop dit. Normalement, il est discret, souvent exalté avec le stylo mais prudent avec la parole.

Avec toutes les prolongations de son congé, il est absent de son corps militaire depuis plus de vingt mois. En juin 1788, il doit enfin rejoindre l'armée.

Son régiment est à Auxonne, très petite ville de Bourgogne avec une école d'artillerie commandée par le maréchal de camp, baron du Teil. Bonaparte y reste jusqu'au mois de septembre 1789 et cette période sera fructueuse. Car, **tandis que**[46] la France entre en révolution,

---

[43] les surprend = surprises them
[44] tirer l'épée = draw/pull the sword
[45] il se mord les lèvres = he bites his lips
[46] tandis que = while/whereas

le service militaire appelle notre jeune lieutenant à la répression des émeutes[47] qui explosent déjà un peu partout. Il reçoit ici une réelle formation par l'expérience, non seulement d'artilleur mais aussi de militaire. Le général du Teil, né dans une famille de soldats, aime enseigner. Il a le goût de réveiller les intelligences. Il distingue Bonaparte qui absorbe ses leçons. Le jeune officier n'apprend pas seulement les *Principes d'artillerie,* les méthodes de tir[48] et « la manière de disposer les canons », mais aussi ses premières notions de tactique. C'est même plus que cela. Il est initié à l'art de la guerre et est pénétré des idées qu'il va devoir appliquer plus tard.

Quand il arrivera au pouvoir suprême, Napoléon dira à Roederer (homme politique français et écrivain) : « Il y a toujours plus à apprendre. » Nous avons déjà vu que c'est une de ses principales facultés, que son esprit a une merveilleuse aptitude à retenir tout et à en profiter. Or[49], le temps de sa formation intellectuelle est aussi celui de l'élaboration d'une nouvelle doctrine par les dirigeants de l'armée française.

Les principes qu'appliquera Napoléon, **le vainqueur de tant[50] de batailles**, nous les trouvons dans les manuels et les traités de cette époque. La stratégie napoléonienne est déjà en élaboration : avoir la supériorité numérique sur un point donné et y concentrer les efforts.

---

[47] une émeute = a riot
[48] le tir = shooting ; tirer = to shot (/to pull)
[49] Or, = However,
[50] le vainqueur de tant de batailles = the winner of so many battles

Garder toujours **un lien**[51] **entre** toutes les parties de son armée. Surprendre l'ennemi par la rapidité des mouvements, « faire la guerre avec ses jambes ». Ces recommandations simples et claires séduisent l'intelligence de Bonaparte. Il les a appliquées, développées, énoncées, traduites en action, à tel point que nous avons donné son nom à ces stratégies. Mais en réalité, c'était encore un héritage français. La génération militaire qui l'a précédé et éduqué, a inspiré chez lui le désir ardent de réaliser cet idéal de guerre offensive et vigoureuse dont l'efficacité était certaine.

Les tacticiens de ce nouveau système de combat attendent avec impatience le réalisateur. « Il va venir », a écrit le tacticien Guibert. Cet auteur de *l'Essai général de tactique* a aussi prophétisé : « Alors, un homme va s'élever[52]. Un homme qui est resté jusqu'à maintenant dans la foule[53] et l'obscurité. Un homme qui a médité dans le silence. Enfin, un homme qui sentira son talent en l'exerçant. Cet homme gagnera les opinions, les circonstances et il dira : ce qui est écrit, je l'exécute. »

Mais on est, au mieux, un demi-prophète. Alors, Guibert n'avait pas anticipé que cet homme du futur commanderait une immense armée, pas quelques divisions dans les plaines d'Italie, mais dirigerait de grandes masses dans des batailles de nations. La guerre changerait de face.

---

[51] un lien entre = a link between
[52] s'élever = to rise
[53] la foule = the mob/the crowd

Ainsi, les mois à Auxonne sont un temps de travail et d'étude. Là encore est exercé le don[54] que Bonaparte a reçu quand il est né et qui a **rarement été poussé si loin**[55] : le don d'apprendre, de retenir, d'employer les connaissances. Il profite en France et partout. Un jour, il est mis en prison : « Heureux accident », dira Napoléon, car, dans la chambre où il reste emprisonné vingt-quatre heures, il y a seulement un livre, *les Institutes de Justinien* (manuel de la législation romaine). Il dévore le livre poudreux[56]. Quinze ans plus tard, pendant la rédaction du Code civil des Français, il surprendra le Conseil d'État en citant les lois romaines.

Pour que ces connaissances deviennent utiles, pour que le lecteur de ce livre devienne législateur suprême, d'immenses évènements sont nécessaires. Ils approchent. C'est à Auxonne que Bonaparte assiste aux débuts de la Révolution française et dans un **état d'esprit**[57] spécial que nous devons décrire car, une autre explication importante de sa grande carrière est là.

Aujourd'hui, la Révolution, classifiée dans la catégorie des phénomènes politiques à laquelle elle appartient, perd sa légende. En effet, elle a un développement qui s'est répété ailleurs[58], une pathologie qui n'est pas une exception. Elle a commencé par des vulgaires désordres, avant et après la prise de la Bastille. Ces désordres ont existé

---

[54] le don = the gift ; mnémotechnique : donner = to give
[55] qui a rarement été poussé si loin = which has rarely been pushed so far
[56] poudreux = powdery/old ; la poudre = the powder
[57] un état d'esprit = a state of mind
[58] ailleurs = elsewhere

partout. Il y en a aussi dans la région où est le régiment de Bonaparte. Militaire, il participe aux répressions. Au mois d'avril 1789, il est envoyé avec sa compagnie à Seurre où des révoltes ont éclaté[59]. Il reste calme et énergique, il dissipe un rassemblement[60] tumultueux en donnant l'ordre, **à haute voix**[61], **de charger les armes**[62] et en criant à la foule : « Les honnêtes gens doivent rentrer chez eux, je tire[63] seulement sur les vilains. » Retournant à Auxonne, il voit des scènes plus sérieuses. Le 19 juillet, comme dans un grand nombre de villes, la population envahit[64] les bureaux de collecte des taxes. Ils cassent tout et font disparaitre les registres et les rôles. Carnot (homme d'État français) dit plus tard cette phrase désillusionnée, « les révolutions ont pour raison profonde la haine[65] des taxes. » Le mois suivant, il y a un nouveau symptôme de décomposition ; la série des insurrections militaires commence. Le régiment de La Fère imite les autres.

Le lieutenant Bonaparte regarde ces évènements comme s'il était un étranger, mercenaire de la France. Soldat et discipliné, il n'hésiterait pas **à tirer sur l'émeute**[66] s'il recevait cet ordre. Il n'aime pas les insurrections. Cependant, il regarde les choses comme quelqu'un qui, **au fond**[67], n'est pas de ce pays. Avec ses lectures, sûrement, il est intéressé

---

[59] ont éclaté = have erupted/have broken out ; éclater = to burst
[60] un rassemblement = a gathering
[61] à haute voix = out loud ; une voix = a voice (à voix basse = in a low voice)
[62] de charger les armes = to load the weapons
[63] je tire = I fire
[64] envahir = to invade
[65] la haine = hatred ; haïr = to hate
[66] tirer sur l'émeute = to shoot on the riot
[67] au fond = at the bottom/deep down

par ces idées nouvelles mais, il préfère penser à l'émancipation de la Corse. D'autres gens gardent des sentiments royalistes, mais notre homme récemment naturalisé ne s'attache pas au passé. Il n'admire pas l'ancien régime, il ne le déteste pas **non plus**[68]. Sa position est privilégiée, presque unique. Cela lui permettra quand il dirigera, plus tard, dans une liberté d'esprit complète, de garder une part de la Révolution et de rétablir quelques institutions royalistes abolies. Aussi, il sera capable de prendre à son service des nobles émigrés **aussi bien que**[69] des régicides. Dans le drame qui est joué en France, il est spectateur en attendant de devenir l'arbitre.

Alors, il garde la tête froide. Sans argent, il ne sort pas de sa chambre, à part pour accomplir le service militaire. Il continue de lire, il écrit avec abondance, en français toujours, car nous n'avons pas de lui une page en italien, bien que son français inclue des italianismes et des erreurs d'orthographe. De plus, sur les livres les plus différents, religions et moralité de l'Orient, histoire de l'Église[70], constitution de la Suisse, il prend beaucoup de notes, respectant le vieux proverbe : « La lecture sans le stylo est juste une rêverie ». Il n'abandonne pas la littérature. De cette époque, il écrit deux petites histoires. Puis, il analyse la République de Platon et l'histoire de Frédéric II. Il lit les résultats financiers de *la Compagnie française pour le commerce des Indes*, il lit un rapport sur le budget de Necker (ministre des finances de Louis XVI).

---

[68] non plus = either
[69] aussi bien que = as well as
[70] une église = a church

Que fait Bonaparte pendant que la Révolution commence à Paris ? Il écrit, il écrit toujours. Il soumet[71] son *Histoire de la Corse,* enfin composée, à l'un de ses anciens professeurs de Brienne, M. Dupuy. Le 15 juillet 1789, il reçoit les premières observations, corrections sur le style de son texte, rectifications des expressions incorrectes, suppression des passages trop emphatiques. Notre jeune auteur, très occupé par ce travail, n'est pas troublé par les nouvelles de Paris, contrairement au philosophe Kant qui a été vu pour la première fois perturbé dans sa promenade quand il a appris l'assaut de la Bastille. Cependant, la chute[72] de cette vieille forteresse n'apparait pas dans les papiers de notre lieutenant.

Un fait important concernant l'orientation de sa vie : il sera absent de France durant la plus grande partie de la période vraiment révolutionnaire, la période de l'enthousiasme. Il sera en Corse du mois de septembre 1789 jusqu'à la fin de janvier 1791, puis d'octobre 1791 à avril 1792, enfin d'octobre 1792 à juin 1793. Il voit quelques épisodes de la Révolution française, mais il ne la vit[73] pas. Il en respire les passions, un peu, de loin. Donc, il ne sera ni engagé ni compromis. Il y entrera quand elle sera déjà faite. Sa tête et son cœur seront libres et sans dettes envers[74] la République ou la royauté.

---

[71] il soumet = he submits ; soumettre = to submit
[72] la chute = the fall (mnémotechnique : parachute)
[73] il vit = he lives ; vivre = to live
[74] envers = towards

À son deuxième congé, est-ce qu'il part pour la Corse avec la pensée de diriger l'indépendantisme, comme son héros Paoli ? Avec son frère Joseph, il essaye beaucoup de mouvements pour influencer la politique en Corse mais l'impact est petit. D'abord, en arrivant, une déception l'attend. La réalité ne correspond pas à ce qu'il imaginait, ni à ce que les idéologues lui ont enseigné. La République idéale, est-ce vraiment cela ? comme le dit Rousseau, qui admire la Corse ? Les citoyens[75] sont loin de partager son enthousiasme pour la Révolution libératrice. Il trouve l'île divisée en clans et en factions. **Tout de suite**[76], des gens importants comme Pozzo di Borgo et Peraldi s'opposent à lui. L'influence des frères Bonaparte est insignifiante. Napoléon confronte les conservateurs, les réactionnaires qui n'ont pas confiance ou qui rejettent les idées de Paris. Cela sera encore pire quand la question religieuse sera impliquée. Notre politicien novice décide d'embrasser le parti de la Révolution française dans l'intérêt de la Corse, mais il est ennuyé d'entrer en même temps dans le parti politique français. Dans la contradiction, il célèbre la victoire contre les aristocrates et ce décret qui proclame la Corse égale aux autres départements français. Arrivé à Ajaccio avec les sentiments d'un autonomiste, sa doctrine en faveur de la Révolution qui libère l'île de la tyrannie, le positionne du côté des unificateurs, c'est-à-dire du côté de la France. Il ne va plus quitter ce parti politique. Plus tard, il se séparera de Paoli lui-même, le défenseur de l'indépendance, parce que, ce dieu, son héros, veut associer la Corse aux Anglais.

---

[75] les citoyens = the citizens
[76] tout de suite = right now/right away

Ainsi, Napoléon rencontre des échecs[77] pendant ses séjours successifs en Corse. Pourtant, cette expérience lui est utile aussi. Elle lui apprend la politique et les hommes, la ruse et l'action. Impliqué dans les élections départementales où il pousse son frère Joseph, impliqué dans les révoltes qui explosent dans l'île contre les administrateurs français, il s'entraine[78] à l'intrigue et à contourner[79] la légalité. Il acquiert une expérience prématurément. **À chaque pas**[80], il perd quelques illusions sur les hommes.

Rentré à son régiment sur le continent, il obtient rapidement la promotion de lieutenant en premier. Il est envoyé à Valence. De Corse, il a ramené son frère Louis pour superviser ses études. Alors, il reprend la vie de militaire, encore plus austère car le salaire doit maintenant être suffisant pour deux personnes.

Des lectures toujours, et ardent pour noircir le papier. Ce jeune homme, est-il un militaire, un politicien ou un littérateur ? Il est tout cela **à la fois**[81]. En 1791, il écrit à Joseph le programme que **ce dernier**[82] doit présenter pour les prochaines élections. En parallèle, il participe à la compétition pour obtenir le prix[83] de l'académie de Lyon. Grâce à cela, il pourrait gagner 1200 livres[84] d'argent. Cela ne serait pas superflu avec

---

[77] des échecs = failures
[78] s'entrainer = to train
[79] contourner = to bypass/circumvent
[80] à chaque pas = at every step ; un pas = a step
[81] à la fois = at the same time
[82] ce dernier = the latter
[83] le prix = the prize
[84] une livre = a pound ; un livre = a book

son jeune frère à sa charge. Le sujet proposé est loin de l'artillerie et des disputes corses : *Quelles vérités et quels sentiments il est important d'imprégner*[85] *aux hommes pour leur bonheur ?* Sur ce thème, il écrit quarante pages avec un certain talent, une certaine poésie et surtout de l'emphase. Bonaparte n'obtient pas le prix mais il a écrit son traité avec contentement. Il a collectionné dans un cahier spécial des expressions pour s'entraîner au beau style. Bref, il n'est pas loin de sentir en lui un auteur.

Puis, il commence à s'ouvrir. Il se civilise. Les agitations d'Ajaccio ont eu un effet positif sur lui. À Valence, on trouve qu'il a changé, à son avantage. Il est plus sociable, beaucoup plus gai[86], mais peut-être un peu trop républicain. **Ayant goûté**[87] à la politique, il s'inscrit[88] à la Société des amis de la Constitution. Il y **prend la parole**[89], sans réaliser que, plus il s'intéresse à ce qui arrive en France, plus il se distance de son autre patrie.

Ainsi, il se diversifie. Il est officier gentilhomme, corse, philosophe et écrivain, orateur de club. Puis, l'évènement de Varennes arrive : la tentative d'évasion de Louis XVI. L'humiliant retour du roi à Paris annonce l'effondrement[90] de la monarchie. Ainsi, un nouveau serment[91] est demandé aux militaires, très sérieux car écrit et donné à

---

[85] imprégner = inculquer ≈ introduire
[86] gai = cheerful
[87] ayant goûté à la politique = having tasted politics
[88] s'inscrit = to register/to sign up
[89] prendre la parole = to speak up/to take the floor
[90] l'effondrement = the collapse ; s'effondrer = to collapse
[91] un serment = an oath

l'Assemblée républicaine. Beaucoup d'officiers refusent, se considérant comme engagés d'honneur envers[92] le roi. **Ceux-là**[93] émigreront et Napoléon, qui connait leurs scrupules de conscience, sera indulgent avec ces émigrés plus tard. D'autres acceptent le serment, quelquefois avec enthousiasme, le plus souvent avec résignation. Ils adhèrent, soit parce que, militaires avant tout, ils aiment leur métier, soit parce qu'ils détestent l'idée de quitter la France, soit enfin parce qu'ils n'ont pas d'autre ressource que ce salaire. Ainsi, le général du Teil consent à servir la Révolution qu'il n'aime pas pourtant. Il sera mal récompensé, car il sera fusillé[94] en 1794.

Mais Bonaparte, pourquoi hésiterait-il ? Rien ne l'attache à cette famille royale européenne : les Bourbons, ni à la monarchie. **Aussi bien que**[95] la Révolution, il accepterait de servir le Grand Turc, idée à laquelle, dans une heure de détresse, il pensera un peu plus tard. Sur le moment, il ne réalise pas que l'émigration, l'expulsion des anciens dirigeants, lui donne des chances d'avancer. De plus, les évènements fournissent[96] aux militaires des opportunités de se distinguer.

Napoléon, pour faire une carrière en France et pour bénéficier de son adhésion au nouveau régime, doit se séparer de la Corse définitivement. En fait, c'est elle qui va le rejeter. Ainsi, il y a des

---

[92] envers = towards
[93] Ceux-là = These ones
[94] un fusil = a rifle/gun ; fusillé = executed by shooting
[95] Aussi bien que = As well as
[96] fournir = to provide

hommes qui, **après une déception étant jeune**[97], restant libres, trouvent une destinée encore plus grande.

---

[97] après une déception étant jeune = after a disappointment being young

# CHAPITRE III

## UNE PATRIE INGRATE[1]

Au mois de septembre 1791, on est, en France, très près des élections. On peut aussi voir venir la guerre que l'Assemblée nouvelle va bientôt déclarer. Donc, il est difficile d'obtenir des congés. De plus, après l'émigration, il n'y a plus beaucoup de cadres[2]. L'armée est désorganisée. Néanmoins[3], Bonaparte sollicite et grâce au général du Teil, il obtient encore une permission.

Il est étonnant[4] que notre garçon intelligent n'ait pas deviné[5] qu'il y aurait bientôt beaucoup de grades militaires à collecter

---

[1] ingrate = ungrateful
[2] un cadre = un manager
[3] Néanmoins = Nevertheless/Nonetheless
[4] étonnant = surprenant = surprising
[5] deviner = to guess

facilement. Par exemple Hoche, Marceau et Pichegru, son ancien professeur, commandent des armées longtemps avant lui. Il est absent au moment d'un contrôle sévère des officiers qui ont émigré. Il reçoit **une mauvaise note dans son dossier**[6]. Mais son île l'attire[7] encore. Il ne voit pas qu'il y perd son temps.

Au mois d'avril 1792, le mois où la Révolution lance[8] la France dans une guerre qui durera plus de vingt ans, Napoléon Bonaparte est occupé à quoi ? À des disputes dans les rues d'Ajaccio. Finalement, il réalise que la Corse n'est pas sûre[9]. Aussi, sa position sociale est meilleure en France. Il veut garder son grade et son uniforme d'artilleur qui, même en Corse, lui donnent du respect. S'il reste absent de son régiment, il va être supprimé des cadres et mis sur la liste des émigrés. Au mois de mai, il retourne à Paris sous l'autorité militaire.

Il retrouve la France et la grande ville en « combustion ». Ce mot est de lui. Avec ses yeux déjà entraînés, il distingue que la Révolution marche **vers le pire**[10]. **Il est le témoin d'émeutes**[11] plus sérieuses que celles d'Ajaccio. D'une terrasse à Paris, il observe, le 20 juin, l'invasion du palais des Tuileries. Il voit la scène de la capture du roi « par des vilains ». Il est scandalisé que Louis XVI n'ait pas résisté à « cette populace abjecte » et il est choqué par cette faiblesse. Après le

---

[6] une mauvaise note dans son dossier = a bad grade in his file
[7] l'attire = attracts him ; attirer = to attract
[8] lancer = to launch
[9] sûre = safe/sure
[10] vers le pire = towards the worst
[11] il est le témoin d'émeutes = he is the witness of riots

massacre des gardes qui défendaient le roi, Napoléon s'aventure dans les Tuileries, il aide même à sauver un de ces malheureux[12] soldats.

Il déteste le désordre, mais il est prudent. Comme toute sa famille, il supprime la particule « de » à son nom. Surtout, il regarde les évènements avec curiosité, sans y participer, mais il veut les prédire. Il garde contact avec les députés corses. Grâce à leur recommandation au ministre de la Guerre, il réintègre l'armée.

La Révolution coupe la tête de Louis XVI pour défier l'Europe royaliste, la France entre en guerre avec l'Angleterre, la Hollande et l'Espagne.

En parallèle, toute la famille Bonaparte doit quitter la Corse qui devient trop hostile et instable. Mme Bonaparte mère et ses trois filles déménagent à Marseille, dans un petit appartement, presque toutes dans une même chambre, survivant grâce aux faibles aides financières que le gouvernement français donne aux émigrés de la Corse. Un jour, Napoléon va voir sa famille et il trouve sa mère à table, mangeant des œufs sans pain, dans une atmosphère de grande pauvreté. Il reste stupéfait[13], puis, prenant la main de sa mère, il lui dit : « Un avenir différent s'avance, mère ; ayez le courage de l'attendre, je vais le précipiter. »

---

[12] malheureux = unfortunate
[13] stupéfait = stunned

Napoléon évolue. Il ne croit plus à une pure bonté[14] humaine. Il devient plus dur. Son style aussi a changé. Il a passé l'âge d'être sentimental, même s'il est encore un jeune homme.

---

[14] la bonté = goodness

# CHAPITRE IV

## Des jours sombres[1]

## et des jours lumineux

Lorsque[2] Bonaparte, capitaine, rentre dans l'armée après une longue et stérile parenthèse corse, c'est pour trouver la guerre civile. Le sud de la France est en insurrection contre la République. Assigné au 4ème régiment d'artillerie, dans une compagnie militaire à Nice, Bonaparte a des fonctions relativement modestes. Le général du Teil, frère de son ancien protecteur d'Auxonne, l'emploie au service d'une unité d'artillerie de la côte[3]. Notre capitaine construit **des fours à réverbération**[4], une invention nouvelle pour rougir[5] les boulets de

---

[1] des jours sombres et lumineux = dark and bright days
[2] lorsque (plus élégant) = quand
[3] la côte = the coast
[4] un four = an oven ; un four à réverbération = a reverberation oven

canon destinés à « brûler[6] les bateaux des tyrans ». Puis, il est envoyé à Avignon pour organiser les convois de l'armée française d'Italie, mais la route est bloquée par des fédéralistes marseillais. Il doit attendre que la ville **soit reprise**[7] pour accomplir sa tâche.

Occupé à ces missions obscures, il commence à s'inquiéter. Personne[8] ne pense à lui ? Est-il oublié dans les postes inférieurs ? Il a besoin d'attirer l'attention. D'Avignon, où il désespère en préparant ses convois, il adresse une demande au ministre pour être affecté[9] à l'armée du Rhin. Avec le même stylo, il compose un texte en dialogue : *le Souper de Beaucaire*.

C'est un petit livre très bien fait. On y reconnaît du talent. Il y a plus que cela : une clarté qui va jusqu'à la force. Les arguments sont précipités, organisés en bon ordre, arguments politiques et militaires, pour prouver que cette insurrection du sud est vaine, qu'elle sera défaite. *Le Souper de Beaucaire* est une actualité[10]. L'auteur sait ce qu'est la propagande. Il a pratiqué à Ajaccio. Il fait, avec sa tête froide et son esprit équilibré, l'analyse d'une situation en même temps que l'apologie du gouvernement. Il démontre aux fédéralistes marseillais que la cause est perdue d'avance. La République gagnera parce qu'elle possède des troupes plus fortes. La riche ville de Marseille sera ruinée par des

---

[5] rougir = to turn red
[6] brûler = to burn
[7] soit reprise = be retaken ; « soit » est le verbe être au subjonctif
[8] personne (dans ce contexte, sans article) = nobody
[9] affecté à = assigné à (dans ce contexte)
[10] l'actualité = news

représailles terribles. Donc, c'est dans son intérêt de **cesser**[11] **au plus tôt** une résistance inutile. Tout cela est dit avec autorité, mais avec élégance. L'auteur évite[12] le jargon révolutionnaire et les insultes, prétendant l'impartialité et de considérer juste les faits. Rien ne peut être plus plaisant à lire pour les représentants du peuple qui contrôlent la répression du fédéralisme dans le sud.

Déjà pauvre, Bonaparte **paye de sa poche**[13] **l'impression** de la brochure. C'est parce qu'il en a calculé les effets, et bien calculé. La brochure est moins destinée à persuader les insurgés et plus à attirer l'attention du gouvernement sur l'auteur. Par chance, Saliceti, que Bonaparte a connu en Corse, est avec l'armée républicaine qui est dirigée par Carteaux, responsable d'arrêter la rébellion du sud. Après le succès de la répression d'Avignon, Nice et Marseille, Carteaux commence un siège militaire devant Toulon. Cette ville insurgée de royalistes a appelé l'aide des Anglais. Notre jeune capitaine, allant vers Nice avec son convoi, s'arrête au **quartier général**[14] de Toulon pour rendre visite à son compatriote Saliceti. Par chance encore, le chef de bataillon Dommartin, commandant de l'artillerie, **vient d'être blessé**[15] sévèrement. Saliceti propose de donner sa place au « citoyen[16] Bonaparte, un capitaine entrainé ». L'autre représentant, Gasparin, est d'accord. Les convois continuent à Nice sans Bonaparte. Notre

---

[11] cesser = to cease/stop ; cesser au plus tôt = cease as soon as possible
[12] éviter = to avoid
[13] « payer de sa poche » = payer soi-même ; l'impression = printing
[14] le quartier général = headquarters
[15] Il vient d'être blessé (passé récent) = He has just been injured
[16] un citoyen = a citizen

capitaine a enfin une position d'action. Alors, il va prouver l'exactitude de sa vision et sa capacité d'initiative.

Onze années après, le jeune prince de Bade (en Allemagne) dit à Napoléon : « Il n'y a rien à voir à Mayence. » L'empereur répond avec vivacité : « **Vous vous trompez**[17], à votre âge, chaque fois que je devais **passer du temps**[18] dans une ville, je l'utilisais à examiner les fortifications et c'est ce que j'ai fait à Toulon quand, petit officier, je faisais une promenade en attendant le bateau de Corse. Comment savez-vous si vous ne devez pas, un jour, établir un siège militaire à Mayence ? Pour moi, est-ce que je savais que je devrais reprendre Toulon ? »

Voilà ici un des secrets de Napoléon et l'une des justifications de sa fortune prodigieuse. La rapidité de la conception, il l'a, mais elle est fondamentalement nourrie[19] par les études. Alors, en arrivant à l'armée de siège de Toulon, il sait déjà par où il faut attaquer la ville. À toutes les pages, l'histoire de Napoléon nous enseigne l'avantage de la science.

C'est comment, non par intuition mais par raisonnement, que quand il prend possession de son poste, immédiatement, il indique que le point « l'Éguillette » doit être capturé car ce point contrôle tout le bassin d'eau. En possession de l'Éguillette, les bateaux anglais et

---

[17] vous vous trompez = you are wrong ; verbe : se tromper
[18] passer du temps = to spend time
[19] nourri = fed/nourished ; nourrir = to feed ; la nourriture = the food

espagnols **seraient sous le feu des canons**[20] et devraient s'échapper. C'est ce qui est arrivé, en effet.

Le commandant du siège, Carteaux, est un bon révolutionnaire, mais ignorant. Il a été officier de police. Il a été peintre[21] aussi. Il est têtu[22], ses connaissances militaires sont presque nulles. Il ne comprend pas quand Bonaparte, désignant l'Éguillette, dit avec éloquence que « Toulon est là » et Carteaux déclare que « cet adolescent n'est pas bon en géographie ». Pendant plus d'un mois, Carteaux met obstacle au plan du jeune officier. Pourtant, les commissaires Saliceti et Gasparin comprennent, eux, que c'est le jeune officier qui a raison. Ils obtiennent du gouvernement le remplacement de Carteaux, en communiquant que « Bonaparte est le seul capitaine d'artillerie capable de concevoir ces opérations ». Mais le gouvernement choisit Doppet en remplacement, un ancien docteur, qui est aussi destitué après peu de temps.

Dugommier, qui succède à Doppet, a plus d'expérience de la guerre. Pourtant, il hésite à adopter la vision de Bonaparte qui a été nommé chef de bataillon par les représentants. Finalement, un autre allié vient soutenir[23] le jeune officier. Car, l'armée de siège augmente, l'artillerie est confiée[24] au général du Teil et Bonaparte devient son second. Teil voit la situation comme lui. Un vrai militaire sait que, pour prendre Toulon, d'abord, il faut dominer l'eau. Si Bonaparte se distingue

---

[20] seraient sous le feu des canons = would be under the fire of cannons
[21] peintre = painter
[22] têtu = stubborn
[23] soutenir = to support ; un soutien = a support
[24] confiée = entrusted/given ; la confiance = the trust/the confidence

par quelque chose, c'est par ses idées claires, la clarté de ses explications, la logique avec laquelle il affirme ce qu'il faut faire pour réussir.

Du Teil, vieux, fatigué, laisse aller Bonaparte. Il a réussi à convaincre[25] Dugommier. Le plan, inspiré par celui de Bonaparte, est soumis au Conseil de guerre qui l'approuve. Voilà la part du travail de notre commandant en second de l'artillerie de siège. Nous devons ajouter[26] le fait qu'il paye personnellement. Deux fois, durant les assauts, il est blessé. Il tire avec le canon lui-même qu'un homme mort laisse.

Enfin, le 17 décembre 1793, l'Éguillette tombe et tout se passe **comme il l'a prévu**[27]. Les bateaux anglais et espagnols, menacés d'être brûlés par les boulets rouges de canon, **partent en mer**[28] et abandonnent la ville insurgée aux vengeances du gouvernement.

La récompense de Bonaparte, c'est d'être nommé général de brigade à la demande de Saliceti et Augustin Robespierre, frère du grand Maximilien Robespierre, qui a assisté à l'évènement. Barras, homme important du gouvernement, est également[29] commissaire dans le sud. Il est impressionné par la recapture de Toulon, car cette ville semblait invincible. Alors, il retient le nom de Bonaparte. Il va s'en souvenir au moment de l'Insurrection royaliste à Paris devant l'église Saint-Roch,

---

[25] convaincre = to convince
[26] ajouter = to add
[27] comme il l'a prévu = as he planned it
[28] partent en mer = go to sea
[29] également = aussi

dans une circonstance qui sera **tout à fait**[30] décisive pour la carrière de Napoléon.

Notre nouveau général acquiert une petite réputation. Il devient camarades de Junot, Marmont et de ce Muiron, le plus près de son cœur, qui sera tué en le protégeant à Arcole. Il devient connu d'un certain nombre de militaires. Mais il y a beaucoup de grands noms à ce moment-là !

Cette période de la Révolution française, entre 1793 et 1794 est appelée « la Terreur » parce le gouvernement utilise une répression extrêmement sévère pour assurer la sécurité de l'État contre les nouvelles révoltes. La guillotine n'arrête pas de fonctionner. Les esprits sont occupés par beaucoup de drames ! Quand Junot annonce à sa famille que Bonaparte l'a choisi pour aide de camp, son père lui répond : « Pourquoi as-tu quitté ton corps militaire ? Quel est ce général Bonaparte ? Où a-t-il servi ? Personne ne connaît ça. » Dans la carrière de Bonaparte, Toulon est juste un premier niveau et seulement un très bon début. De plus, à la fin de 1793, les accomplissements de guerre sont abondants. Il n'est pas extraordinaire d'être promu général de brigade. Il y a de nombreux[31] généraux et des généraux fameux. Donc, Bonaparte n'est pas encore sorti de l'obscurité, mais **on tient compte**[32] **de** ses services. Lui-même, il se contrôle trop pour s'enthousiasmer excessivement par ce premier succès. Il commence seulement à

---

[30] tout à fait (élégant) = entièrement
[31] de nombreux = numerous/many
[32] tenir compte de = to take into account

imaginer un avancement, mais il ne pense pas avoir gagné la couronne[33] de Charlemagne. L'ambition commence à venir à lui, mais il racontera plus tard, à Las Cases « J'étais encore loin de me voir comme un homme supérieur ».

Il **avait raison**[34] d'être modeste. D'autres combats l'attendent. Ces temps de révolution sont difficiles. Ce qui est gagné un jour devient une raison de perdre le lendemain. Bonaparte à Toulon, **sans doute**[35], a fait des relations utiles, par exemple, les Robespierre. Mais ce sont aussi des relations dangereuses. Il s'est engagé avec les terroristes, de « la Terreur ». Il va s'engager avec eux davantage[36] et trop car, la Terreur doit finir, et la Terreur est liée[37] aux Robespierre. Finalement, les deux frères Robespierre sont guillotinés, le général Bonaparte est accusé de complicité avec ces hommes.

Avec grande discrétion, distance, et l'effet du temps, il sort de cette affaire. En mars 1794, il reçoit le commandement de l'artillerie pour l'armée d'Italie. C'est sa première apparition sur un des théâtres de la guerre extérieure. **Il y sera remarqué**[38]. Dès son arrivée au quartier général, les plans sont écrits par lui. Le cours des opérations est déjà affecté par sa présence. À Saorge (ville française à la frontière italienne) et sur le fleuve[39] la Roya, il essaye ses talents militaires, il développe ses

---

[33] la couronne = the crown

[34] avoir raison = to be right ; il avait raison = he was right

[35] sans doute = no doubt/certainly

[36] davantage = plus = more

[37] lié = linked ; un lien = a link

[38] Il y sera remarqué = He will be noticed there.

principes stratégiques, il forme la conception générale de sa prochaine campagne militaire d'Italie. Il n'invente pas tout, il réutilise les idées. L'objectif du gouvernement est de conquérir l'Italie pour nourrir les armées et pour obtenir de l'argent à la République. Le représentant du peuple, Simond, parle des « richesses de la Lombardie (région du nord de l'Italie) ». Simond lui-même répète que les hommes d'affaires français à Gênes, à Rome, à Florence écrivent depuis des mois que les richesses italiennes sont une proie[40] facile à saisir. La République a vraiment besoin d'argent. De plus, attaquer l'Autriche[41] par la Lombardie pour créer une diversion de l'Empire germanique est une stratégie que les généraux de la monarchie avaient déjà proposée avant la Révolution.

Ces débuts en Italie, qui vont être très profitables pour notre jeune général, avant son autre campagne incroyable de 1796, sont aussi très dangereux. Sans le savoir, à Saorge et sur les lignes de la Roya, il va à d'autres dangers que ceux de la bataille. Il s'introduit, **il se compromet**[42] dans des querelles[43] terribles entre les hommes de la Révolution.

Avec le général Dumerbion, Napoléon retrouve aussi des visages qu'il connait : son compatriote Saliceti, Augustin Robespierre. Avec eux, il est **tout de suite**[44] en sympathie. Les représentants du

---

[39] un fleuve = une grande rivière
[40] une proie facile = an easy prey
[41] l'Autriche = Austria
[42] il se compromet = he compromises himself
[43] une querelle = une dispute = a quarrel
[44] tout de suite = immédiatement

peuple sont en faveur de l'offensive, et l'offensive, c'est sa spécialité. Il a non seulement le tempérament pour cela mais aussi la doctrine. Il en connaît les méthodes et les moyens[45]. Cependant, pendant qu'il en dessine le plan, le gouvernement se divise concernant la direction de la guerre et sur toute la politique en général. Le politicien Carnot, spécialement, s'oppose au dictateur Maximilien Robespierre. Pacifiste avant, Robespierre est maintenant pour la guerre avec excès sur tous les fronts. Carnot, lui, est alarmé par l'extension des hostilités. La résolution de ce conflit, c'est Robespierre guillotiné. Cela marque la fin de la Terreur.

Le jour où Maximilien tombe, son frère Augustin est à Paris. Il avait quitté l'armée d'Italie pour obtenir du gouvernement que les opérations continuent selon[46] le plan établi avec Bonaparte. Augustin meurt avec son frère. Dès le lendemain, le gouvernement donne l'ordre d'arrêter l'offensive sur le front italien et de limiter les opérations à la défense du territoire conquis[47].

Il est difficile de dire si Bonaparte était lié avec Augustin par sympathie vraiment ou par utilité. Il ne **s'est jamais vanté**[48] de ses relations avec les deux frères. Il ne les a pas déniées non plus. Il les a gardées sous silence. Peut-être aussi, avec ses instincts d'autoritaire,

---

[45] les moyens = the means
[46] selon = according to
[47] conquis = conquered ; conquérir = to conquer
[48] se vanter = to boast ; il ne s'est jamais vanté = he never boasted

Napoléon avait un certain goût pour la dictature de Robespierre, mais moins pour la guillotine.

En temps de révolution, qui gagne un jour perd le lendemain. Bonaparte a été dans le parti triomphant pour être immédiatement après dans le parti vaincu[49]. Il est, plus qu'il le veut, engagé avec les Robespierre quand arrive leur fin. La Terreur a produit des effets. On cherche des coupables, on dénonce pour obtenir de nouvelles faveurs. Surpris par les évènements, effrayés pour eux-mêmes, les représentants du peuple à l'armée d'Italie ne veulent plus être en relation avec Napoléon, « le faiseur de plans » de Robespierre. Bonaparte observe leur lâcheté[50] humaine, de Saliceti aussi, son ami. Les collaborateurs d'hier deviennent des ennemis hypocrites. Par leur ordre, le général d'artillerie Napoléon est arrêté.

Il proteste contre cette accusation absurde. Ses camarades Marmont et Junot spécialement joignent leurs protestations. Il est relâché[51]. D'abord, parce qu'il n'y a pas de preuves contre lui. De plus, l'ennemi autrichien, voyant que les Français hésitent, regagne du courage et devient menaçant. Personne n'est trouvé pour remplacer Bonaparte, alors on lui redonne son commandement. Le 21 septembre, les Autrichiens sont battus à Cairo. Cependant, le rapport de Dumerbion au gouvernement ne parle ni de notre général d'artillerie ni de ses intelligentes stratégies. Le succès de Napoléon à Cairo n'a pas

---

[49] vaincu = defeated ; vaincre = to defeat
[50] lâcheté = cowardice ; lâche = coward
[51] relâché = released

d'écho. Mais, ces opérations annoncent et préparent des victoires plus grandes. Bonaparte, avec l'expérience qu'il vient juste de gagner sur **le champ**[52] **de bataille**, imagine les lignes d'un plan futur plus vaste et plus complet. C'est un plan qu'il exécutera quand il commandera en chef **à son tour**[53].

Car, **en dépit**[54] **des** services qu'il vient de donner, il est encore suspecté de « jacobinisme », la doctrine politique de Robespierre. De plus, la guerre offensive est décidément abandonnée ; Bonaparte retombe à une position obscure, à l'organisation de la défense des côtes en Méditerranée. À Paris, les bureaux de la Guerre n'ont pas confiance dans les officiers de l'armée d'Italie qui ont la réputation d'être mauvais et infectés de jacobinisme. Alors, on les disperse dans différents corps militaires. En mars 1795, Bonaparte est assigné à l'armée de l'Ouest, où le département français de la Vendée est en guerre civile.

Il refuse. Peut-être par horreur de combattre contre des Français, ou par grand calcul, pour garder un futur ouvert ? Pourtant, à Toulon, il a pris part à la guerre civile. **En outre**[55], il utilisera bientôt les canons sur les royalistes français devant l'église Saint-Roch. Marceau, Kléber, Hoche ont combattu les Vendéens sans ternir[56] leur réputation, en démontrant même que les chefs militaires étaient plus humains que les civils. Mais Bonaparte n'aime pas être retiré de l'Italie. Il n'aime pas

---

[52] le champ = the field ; le champ de bataille = battlefield
[53] à son tour = in turn/in his turn
[54] en dépit de = despite
[55] En outre = Moreover
[56] ternir = to tarnish (≈ salir = to dirty)

les petits théâtres et, en Italie, il y a de grandes choses à faire. Il n'aime pas non plus apprendre, en arrivant à Paris, qu'on lui destine une brigade d'infanterie. Artilleur, il considère que c'est une diminution. Il a une dispute très vive[57], au gouvernement, avec Aubry, un modéré qui suspecte des officiers « terroristes ». À la fin, Bonaparte refuse de prendre son poste et est supprimé des cadres de l'armée.

Ce refus n'aide pas ses affaires. Cela semble un peu absurde et à cause de cela, il va connaître des mauvais jours. Mais il fait ce qu'il veut, né pour commander, il met son orgueil[58] à désobéir. Pourtant, il n'a pas les moyens d'être indépendant. C'est un temps où l'inflation est énorme, de semaine en semaine, la vie devient plus chère. Il faut que la famille Bonaparte s'entraide[59]. Parfois, c'est Napoléon qui a de l'argent, qui en envoie un peu à Lucien. Joseph, qui, par son mariage avec la fille du marchand de textiles, n'est pas sans argent, fait ce qu'il peut pour ses frères et ses sœurs. Le fidèle[60] Junot reçoit de ses parents de petites sommes d'argent qu'il parie[61] aux jeux et, quand il gagne, il partage avec son chef. La pauvreté, Napoléon l'avait déjà connue. Maintenant, il y a des jours où il voit la misère de très près.

À ce désastreux passage de son existence, nous avons des descriptions qui le montrent sous un triste aspect. Sa maigreur[62] est

---

[57] vive = lively/vivid
[58] l'orgueil = la fierté = the pride
[59] s'entraider = to help each other
[60] fidèle = faithful
[61] parier = to bet ; un pari = a bet
[62] maigreur = thinness/meagreness ; maigre = meagre/skinny

déplorable, ses cheveux sales, sa peau jaune, sa garde-robe usée, avec sa **taille**[63] **moyenne** pour l'époque (pas plus de 1m65). Il a avec lui deux aides de camp, ou en fait, deux acolytes. Junot et Marmont, ne sont pas dans un état plus brillant que leur général. Un jour qu'ils marchent sur le boulevard, Junot lui admet qu'il aime Pauline (la sœur de Napoléon). Le frère le raisonne : « Tu n'as rien, elle n'a rien. Quel est le total ? Rien. » À ce moment de l'histoire, on est loin d'imaginer les futurs ducs et les trônes.

Junot ne se marie pas avec Pauline, mais avec Laure Permon, qui sera duchesse d'Abrantès. La mère de Laure, qui était corse et liée avec la famille Bonaparte, reçoit souvent le jeune général, qui apprécie la maison. La duchesse d'Abrantès, **bavarde et mauvaise langue**[64], donne un portrait de Bonaparte à ce moment-là : « Nous le voyons, avec ses bottes sales, après des courses dans Paris, heureux de s'asseoir à la maison à table, aventurier, un peu parasite dans cet environnement bourgeois. »

Il passe ses journées à rendre des visites, à maintenir des relations, à connaître un monde dont Barras est la tête, l'ornement. Il va au ministère de la Guerre pour chercher un travail car, il n'est pas découragé. Son esprit travaille et il fait « mille projets chaque soir en s'endormant ». Il soumet des plans de campagne militaire à la division du gouvernement qui est responsable. Il montre sa connaissance de l'Italie où, les opérations, sous Kellermann en ce moment, ne sont pas

---

[63] taille moyenne = average size/height
[64] bavarde = talkative ; être « mauvaise langue » = parler mal des autres

bonnes. Alors, Napoléon est attaché au bureau topographique. Il est consulté comme le spécialiste du front italien. Mais, à ce moment, il apprend que le sultan turc demande à la République des officiers d'artillerie. Il est attiré par l'Orient et cette opportunité grandiose. L'idée est que, par ce côté-là du globe, on peut **atteindre la puissance**[65] **anglaise**. De plus, une mission à l'étranger paye bien. Deux fois, Bonaparte se propose pour organiser l'armée turque. Il est choisi. Il est prêt à partir, il veut même emmener une partie de sa famille à Constantinople, mais un ordre contraire arrive. Un membre du gouvernement fait observer que la présence du général est plus utile au service topographique. Sans cette obscure intervention de Jean Debry, Bonaparte **allait manquer**[66] la première grande opportunité de sa vie, celle qui déterminera le reste.

En attendant que cette occasion arrive, ces mois d'août et de septembre 1795 sont parmi[67] les plus incertains de la vie de Napoléon, un jour très bas, un autre jour plein d'espoir. « Si cela continue, mon ami, je finirai par ne plus me retirer quand passe une voiture », écrit-il à Joseph. Dans une autre lettre, un mois plus tard : « Je vois dans l'avenir seulement des sujets plaisants. » Cependant, au gouvernement, Letourneur reprend le dossier[68] des officiers jacobins, complices de Robespierre. Le 15 septembre, Letourneur déclare que « le général de

---

[65] atteindre la puissance anglaise = to reach the English power
[66] allait manquer = was going to miss
[67] parmi = among
[68] le dossier = the file

brigade Bonaparte est retiré de la liste des généraux employés, car il a refusé le poste qui lui a été assigné ».

Tiré dans toutes les directions, le pauvre gouvernement **d'alors**[69] est souvent incohérent. Six mois plus tard, notre général recevra un grand commandement parce que, trois semaines plus tard, il aura sauvé la République.

---

[69] d'alors = at that time

# CHAPITRE V

## PREMIÈRE RENCONTRE AVEC LA CHANCE

En octobre 1795, deux évènements s'accomplissent dont la combinaison va faire un empereur. Si l'on n'est pas attentif, si l'on n'entre pas au cœur des choses, la carrière de Napoléon est inexplicable. Car il ne suffit pas qu'il ait, et largement mesurée, la force d'un dictateur. Il faut aussi, comme il l'a dit lui-même, « les circonstances ». Ici, nous touchons à celles qui rendront[1] nécessaire la dictature et qui permettront à Bonaparte de la saisir. Ces circonstances vont donner l'occasion à Napoléon de sortir de la foule obscure.

**Tandis**[2] **qu'il** stagne à Paris, des changements se produisent dans la République. En conséquence de la chute de Robespierre, une

---

[1] Grammaire : rendre + adjectif = make + adjective ; rendront = will make

nouvelle Constitution est établie. Le règne d'une assemblée unique **avait amené**[3] la tyrannie de Robespierre qu'il avait été nécessaire d'arrêter. La concentration du pouvoir du gouvernement doit être temporaire en temps de crise. Alors, on doit maintenant former un gouvernement régulier. Le risque est de faire quelque chose qui, ressemblant trop à une monarchie parlementaire, enterrerait[4] la Révolution. Alors, les hommes qui se sont compromis dans les jours terribles, les « votants » pour l'exécution de Louis XVI, seraient menacés. Donc, le gouvernement adopte un régime qui s'appelle « le Directoire », arrangé **de telle manière**[5] **qu'il pourrait durer.**

**Au lieu**[6] **d'une** seule assemblée, la constitution décide d'en créer deux : le Conseil des Cinq-Cents députés et le Conseil des Anciens qui serait une sorte de Sénat. De plus, la loi constitutionnelle dit que le Corps législatif sera renouvelable tous les ans. C'est une assurance contre un risque immédiat. Ce Directoire est destiné à perpétuer un gouvernement de gauche fidèle à l'esprit de la Révolution.

**D'autre part**[7], on doit constituer un pouvoir exécutif, même s'il y a des hésitations. Alors, pour éviter[8] l'apparence d'un retour à la royauté, ce pouvoir exécutif sera de cinq personnes. Ces cinq Directeurs

---

[2] Tandis que = While
[3] avait amené = had brought
[4] terre = earth ; enterrer = to bury ; enterrerait = would bury
[5] de telle manière qu'il pourrait durer = in such a way that it could last
[6] au lieu de = instead of
[7] D'autre part = On the other hand
[8] éviter = to avoid

seront votés par les Conseils. Ils seront aussi renouvelables chaque année.

Ainsi, la porte est fermée aux modérés et aux royalistes. Aucune surprise ne peut sortir des premières élections.

Depuis que la France, pendant la Révolution a envahi la Belgique, l'Angleterre est devenue son ennemie. L'Angleterre ne fera pas **la paix**[9] **aussi longtemps que** les Français occuperont le territoire belge.

Rares sont les gens qui ont prédit ces conséquences. Quelques personnes ont **pris la parole**[10] contre l'annexion en disant que cela pousserait les puissances ennemies. Harmand de la Meuse, Lesage d'Eure-et-Loir ont anticipé que l'Europe ne resterait pas indifférente à cette extension du territoire français. Ils ont dit que la réunion de la Belgique par droit de conquête supposait que le peuple français serait toujours le plus fort et dans un état de supériorité invariable, que l'Autriche serait battue[11] pour toujours, que l'Angleterre abandonnerait le continent à la France. Les annexionnistes ont répondu par un raisonnement opposé. La République, ils ont dit, n'aura pas la paix **tant que**[12] l'Angleterre ne sera pas battue. Pour la battre, il faut l'affaiblir[13]. La réunion de la Belgique sera pour elle et pour son commerce **un coup**[14]

---

[9] la paix aussi longtemps que = the peace as long as
[10] ils ont pris la parole = they spoke up
[11] battre = to beat ; battue = beaten
[12] tant que = as long as
[13] affaiblir = to weaken ; faible = weak

**terrible** qui la forcera à capituler. La capitulation de l'Angleterre, Napoléon cherchera cela pendant quinze ans, toutes ses annexions auront ce motif.

Carnot a défendu cette thèse avec le plus d'ardeur. Il la traduisait dans le style du temps, par cette image : « **Coupez les ongles**[15] au léopard. » Napoléon essayera de battre l'Angleterre en bloquant ses marchandises sur le continent. Pour respecter cet embargo, il veut obtenir la soumission de l'Europe entière. Tout cela est juste un héritage de la Révolution. L'empereur n'inventera ni cette politique ni ce système, mais son empire sera nécessaire pour les continuer.

Résumons ces explications qui étaient indispensables. Le gouvernement devient faible et critiqué. Il y a l'immense mission de battre l'Angleterre et l'Europe. La porte est ouverte à la dictature d'un soldat. Mais dans cette série de causes, comment la destinée de Bonaparte s'est-elle intégrée ? Pourquoi lui et pas un autre ? Nous l'avons laissé au moment où sa chance semblait l'abandonner. Retournons à son histoire.

En octobre 1795, Paris est en agitation. Maintenant, c'est la contre-révolution qui arrive. En un an, elle a fait des progrès immenses dans cette bourgeoisie parisienne qui, pourtant, était en faveur de la Révolution de 1789. Les gens protestent contre les décrets du gouvernement, « insultants pour la nation ». Chaque jour, il y a des

---

[14] un coup terrible = a terrible blow/hit
[15] couper les ongles au léopard = cut the nails to the leopard

incidents, des insolences, des accusations. Le gouvernement découvre qu'il est menacé. Il hésite à exercer une répression vigoureuse par crainte[16] de réveiller le terrorisme. Le gouvernement laisse aller les choses. Paris se révolte.

Bonaparte, sans travail, passe la soirée au théâtre Feydeau, avec un ami, quand commence l'incident qui va marquer sa carrière beaucoup plus que la campagne d'Italie et le siège de Toulon. Devant les progrès de l'insurrection, le gouvernement appelle Barras pour commander la défense. Immédiatement, un décret désigne Barras général en chef de l'armée de l'intérieur. Depuis qu'il est à Paris, Bonaparte voit souvent ce député influent. Il est même allé chez lui ce matin. Barras sait que **ses propres**[17] **compétences militaires** sont limitées. Il a vu le jeune officier Bonaparte dans ses débuts à Toulon. Il demande que le général Bonaparte l'aide. L'Assemblée consent, elle lui donne tout ce qu'il désire. Le danger presse, la situation est critique. Aussitôt[18], Bonaparte organise la défense et donne des ordres. Ils sont si judicieux, si rapides que, à six heures du soir, tout est fini. Il y a de l'artillerie au parc des Sablons. Les canons sont positionnés dans les rues de la ville. Les insurgés royalistes, en grande supériorité numérique, sont battus **sur les marches**[19] de l'église Saint-Roch. Leurs forces se dispersent. Quatre cents insurgés sont tués par les canons en moins d'une heure. Les espoirs de la contre-révolution sont détruits.

---

[16] une crainte = une peur = a fear
[17] ses propres compétences militaires = his own military skills
[18] aussitôt = immédiatement
[19] sur les marches de l'église = on the steps of the church

Ainsi, Bonaparte, qui a refusé quelques mois plus tôt un poste en Vendée, n'a pas hésité à tirer à Paris sur les modérés et les royalistes. Il est vrai qu'il a fait cela sans passion. Il est indifférent à ces querelles. Junot assure que, dans les jours suivants, son général lui a dit : « Si ces insurgés royalistes m'avaient mis à leur commandement, j'aurais battu les représentants du gouvernement ! » Parmi les factions, Bonaparte reste sans amour et sans haine. Mais, soldat de l'opportunité, il n'a pas manqué l'occasion qui s'offrait. De plus, il va dans la direction de l'armée elle-même, qui est dans le camp de la Révolution. Il sera appelé le général « sauveur », non seulement par les troupes, mais aussi par les politiciens. Il gagne la faveur de la gauche, des vrais républicains, ennemis de toute dictature. Enfin, son nom arrive à la notoriété. Cinq jours après l'évènement, Fréron cite Napoléon avec éloges[20] dans son rapport. « On **se demande**[21] d'où il vient, ce qu'il était, par quels services antérieurs il s'est recommandé. » Il éveille[22] la curiosité et les gens se disent que « son apparence n'est pas imposante, à part **la fierté de son regard**[23] ». Sa popularité est née. On l'appelle aussi « le général de Paris ».

Tout vient à lui en même temps. D'abord, le voilà réintégré dans son grade et l'argent arrive. Il en envoie à sa mère. « La famille ne manque de rien », écrit-il à Joseph. Barras renonce au commandement

---

[20] un éloge = praise/eulogy
[21] se demander = to wonder
[22] éveiller = awaken ; réveiller = to wake up
[23] la fierté de son regard = the pride in his eyes

militaire, Napoléon l'obtient. Surtout, il entre dans la politique et il commence à faire la sienne[24]. Sa mission, c'est la répression, désarmer les insurgés, la poursuite des coupables. « Le nouveau général en chef de l'armée de l'intérieur complète ses exploits par la manière avec laquelle il procède au désarmement des contre-révolutionnaires royalistes. La rigueur dans ses ordres donne la paix. » Après avoir utilisé les canons, il concilie. Il n'est pas en colère avec ces réactionnaires **qu'il vient d'écraser**[25]. Ainsi, il aime raconter une anecdote qui décore bien sa légende. Dans ces derniers jours d'octobre, il a reçu un jeune garçon de bonne apparence qui demandait l'autorisation de conserver l'épée de son père, le général de Beauharnais, guillotiné sous le régime de la Terreur. Bonaparte, **d'après**[26] **sa propre histoire**, accueille Eugène avec bienveillance[27]. Déjà, il aime exercer le pouvoir de ce sourire, un de ses grands éléments d'action, par lequel il sait séduire. Quelques jours plus tard, la mère apporte son remerciement[28] à son quartier général de la rue des Capucines. Eugène a parlé à sa mère avec enthousiasme de Napoléon qui l'a écouté comme un gentilhomme et un soldat. En fait, il semble que sa mère, avant, a déjà rencontré Bonaparte chez Barras. Quelque chose la pousse vers le héros du jour qui peut être une relation utile. Elle ne se trompe[29] pas. Dans ce bureau de police militaire, une couronne d'impératrice attendra cette citoyenne Joséphine de Beauharnais.

---

[24] la sienne = his own
[25] qu'il vient d'écraser = that he just crushed
[26] d'après sa propre histoire, accueille = according to his own story, welcomes
[27] la bienveillance = the benevolence ; adjectif : bienveillant(e)
[28] un remerciement = thanks/a thank you
[29] elle ne se trompe pas = she is not mistaken ; verbe : se tromper

C'est une femme encore assez jeune, une créole plus élégante que jolie. Joséphine a la nonchalance des îles, les manières éduquées, mélange attractif. Elle est la veuve[30] du vicomte de Beauharnais, ancien président de l'assemblée, général en chef de l'armée du Rhin. C'est une femme de qualité. Oh ! sans argent. Une vie d'aventures et d'amants. Bonaparte est ouvert et lui rend visite rue Chantereine. Il y revient tous les jours. **Joséphine lui plaît**[31], beaucoup et sérieusement. Tout de suite, elle l'a charmé. Tout de suite il veut, avec l'amour, le mariage. Sa carrière semble prometteuse. Il considère qu'avec sa position, il peut marier la femme de son goût. Elle considère qu'il est acceptable. Ce Corse amoureux et impétueux, vingt-six ans quand elle en a trente-deux, elle le trouve « amusant ». Facile, indifférente, elle se laisse aimer par lui. Il est temps d'accepter. Le mariage, Bonaparte ne le propose pas seulement, il l'implore **à genoux**[32]. Il est attaché par le cœur, un peu par la vanité. C'est un lieutenant amoureux d'une femme de la haute société. « Il s'imaginait », a dit Marmont, « faire un grand avancement dans l'ordre social ». Barras lui a conseillé aussi d'épouser Joséphine. Elle appartient « à l'ancien régime et au nouveau », cela donne au jeune général « de la consistance » et cela « le rend encore plus français ».

Joséphine accepte, triche[33] sur son âge devant l'officier de l'état civil. On ne passe pas par l'église. Joséphine offre à Napoléon ses

---

[30] la veuve = the widow
[31] Joséphine lui plaît = He likes Joséphine/Joséphine pleases him
[32] à genoux = on his knees
[33] tricher = to cheat

relations dans la noblesse républicaine. Il offre son argent. Joséphine va beaucoup l'aider car elle a des compétences relationnelles impressionnantes. Leur liaison est légitimée, le 9 mars 1796. Sept jours avant, il est nommé, par décret du Directoire, général en chef de l'armée d'Italie.

En effet, les quatre mois qui se passent depuis sa première visite rue Chantereine, il ne les a pas utilisés seulement à l'amour. Il dit aux chefs de la République qu'ils peuvent compter sur lui. Mais, il ne sait pas seulement faire une guerre de rues, il sait et veut en faire une plus grande. La canonnade de l'église Saint-Roch, c'était juste un commencement. Il a son idée et il la poursuit. C'est toujours la même : la guerre d'Italie. Il connaît le pays, il connaît le terrain. S'il peut appliquer quelque part sa conception de la guerre, c'est là. Le commandement de cette armée, il le désire. Il le demande comme la récompense du service qu'il a donné à la République en la sauvant. Ce salaire, depuis la fin d'octobre, il travaille à l'obtenir des Directeurs. Il y a mis beaucoup d'énergie **ainsi que**[34] de la subtile patience. Ambitieux, il l'est, mais souple[35], persuasif, non arrogant. Il y a encore beaucoup d'hommes, même si médiocres, au-dessus de lui !

Si, parmi les Directeurs, Barras, qui ne refuse rien à Joséphine, est acquis, tout dépend encore de Carnot. **Ce dernier**[36], avec son rôle dans les succès des armées françaises de la Révolution, appelé

---

[34] ainsi que = as well as
[35] souple = flexible (synonymes)
[36] Ce dernier, = The latter,

« l'organisateur de la victoire », est au sommet[37] de la hiérarchie. Chaque jour, Napoléon lui parle de l'Italie. Carnot, qui le connait depuis Toulon, qui sait ce qu'il a déjà fait avec l'armée d'Italie, l'appelle son « petit capitaine ». Un jour que Paris reçoit des mauvaises nouvelles de Scherer, qui commande l'armée d'Italie, Bonaparte déclare : « Si j'étais là, les Autrichiens seraient déjà tombés. » Carnot répond : « Vous irez ». Alors, intelligemment et avec modestie, Bonaparte, présente les objections qu'on pourrait lui adresser, sa jeunesse surtout. Puis, redevenant lui-même, il dit au Directeur : « Ne vous inquiétez pas, je suis sûr de mon affaire. » Le frère de Carnot avertit[38] d'être prudent avec ce jeune général corse, « c'est un aventurier dont l'ambition jetterait le trouble dans la République ». Mais Carnot voit beaucoup d'erreurs à réparer dans l'armée d'Italie. Toutes les personnes qui ont été en charge là-bas ont stagné. Bonaparte connait le pays. Il a de l'énergie et des idées. La République ? Il vient de la sauver. « Pourquoi », pense Carnot, « ne pas utiliser ses services ? » Carnot veut faire de Bonaparte le Washington de la France. L'ambition, chez un général victorieux, peut être prédite avec certitude. La République a besoin des militaires et des meilleurs. Peut-être que la première erreur a été de Carnot lui-même : l'annexion de la Belgique. Depuis, le gouvernement par les soldats est inévitable pour la France, **qui est face à**[39] une guerre sans fin.

---

[37] le sommet = the summit/the top
[38] avertir = to warn
[39] qui est face à = who is facing

# CHAPITRE VI

## CETTE BELLE ITALIE

Il n'a pas encore vingt-sept ans. Il est à peine connu. **Les cours royales étrangères**[1] ne le prennent pas au sérieux. Leurs agents mentionnent le nouveau commandant en chef de l'armée d'Italie comme un « Corse terroriste », un général sans expérience de la guerre, pas plus dangereux que celui qu'il remplace, ce Scherer, **dans l'échec**[2] depuis des mois. Avec sa mauvaise coupe de cheveux, il vient commander des soldats fatigués, qu'il appelle lui-même des brigands. L'armée d'Italie de trente mille hommes manquent de tout, ils vivent misérablement. Les armées ennemies du Piémont (région d'Italie située

---

[1] les cours royales étrangères = foreign royal courts
[2] dans l'échec = in failure

à la frontière de la France) en coalition avec les armées d'Autriche, ne sont pas inquiètes.

Pourtant, notre jeune général emporte un programme qu'il va suivre avec discipline d'abord. C'est un plan de campagne que le stratège Jomini décrit de « remarquable ». Bonaparte l'exécutera de point en point, vraiment admirablement. Il ne pensera pas encore à **voler de ses propres ailes**[3], mais ce succès lui donnera de la confiance. Peu à peu, car il aura le sentiment de voir mieux les choses **sur place**[4] que les gens de Paris, il va se libérer de ses instructions. De cette manière, il va devenir une puissance indépendante. Quand la République commencera à s'inquiéter concernant le général victorieux, il sera trop tard. Ce que Jules César a fait en Gaule, Bonaparte le fait en Italie.

Dès son entrée en campagne, **il se montre tel qu'il est**[5], un esprit supérieur qui saisit avec **un coup d'œil**[6] les situations et qui les domine. Il a le génie militaire et le talent de la politique. L'Italie, il la comprend dans sa diversité même si elle lui présentera un nouveau problème à chacune de ses victoires. Il désoriente l'ennemi par un art de combattre audacieux, nouveau et par son art subtil de négocier. Cette conquête de tout le pays avec une petite quantité d'hommes est un **chef-d'œuvre**[7] de l'intelligence. C'est pourquoi, les contemporains, sans

---

[3] « voler de ses propres ailes » = to fly with his own wings = être indépendant
[4] sur place = on-site/on the spot
[5] il se montre tel qu'il est = he shows himself as he is
[6] avec un coup d'œil = with a glance
[7] un chef-d'œuvre d'intelligence = a masterpiece of intelligence

comprendre comment cela a été fait, y voient quelque chose de « surnaturel ».

En arrivant, il trouve une armée en mauvais état et qui le reçoit mal. Bonaparte ne vient pas commander des soldats d'élite, mais des hommes libres, des révolutionnaires qui n'ont pas beaucoup de respect pour la hiérarchie. Qui est ce petit général, ce garçon, créature des bureaux de Paris ? Son âge, sa taille, son apprence, son accent corse, les circonstances de sa nomination, il n'est pas aimé par « ces vieilles moustaches qui sont devenues blanches dans les combats. Je dois… », dit Napoléon, « faire des actions brillantes pour obtenir l'affection et la confiance du soldat : elles seront faites. » Il a une autorité naturelle, le ton[8] qui impose. Augereau, Sérurier, Berthier et Masséna deviennent ses subordonnés. Ils sentent bientôt qu'ils ont un chef. Napoléon sait parler aux soldats. Il utilise le style romain pour arranger sa proclamation célèbre : « Soldats, vous êtes nus[9], mal nourris… Je veux vous conduire dans les plus fertiles plaines du monde. Des provinces riches, des grandes villes seront en votre pouvoir. Vous y trouverez honneur, gloire et richesse. » Cependant, un soldat a ri[10] et commenté « Le nouveau général promet des plaines fertiles, mais je veux d'abord des chaussures pour y aller. » Bien sûr, tout cela a été stylisé avec art, embelli par le succès et par le temps. Mais il est vrai que cette troupe manquant de tout, même d'espoir, a reçu une impulsion du général Bonaparte dès le début.

---

[8] le ton = the tone
[9] nus = naked
[10] un soldat a ri = a soldier laughed

L'auteur Stendhal, dans *Vie de Napoléon*, parle aussi du sentiment de « vivacité », même après beaucoup d'années, senti par les hommes qui avaient participé à cette campagne. Stendhal parle de la « somme de plaisir et de bonheur » de « ces soldats sans chaussures », ces officiers qui « se partagent les vêtements ». Ils auront le souvenir d'une aventure merveilleuse, d'une impulsion de jeunesse, avec « cette belle Italie » qui a toujours séduit les Français. « Nous avions fait de si grandes choses avec des petits moyens[11] ». Ils ont commencé à croire que rien n'était impossible. Approchant la mort, c'est l'époque de sa vie que l'empereur aimera évoquer. « J'étais jeune comme vous », il a dit au médecin[12] Antommarchi, « j'avais votre vivacité, votre ardeur, la conscience de mes forces, j'étais impatient d'entrer en compétition. » Cette descente au pays du soleil et de l'art gardait l'enchantement qu'elle avait eu dans le passé. C'était une renaissance. De plus, à cette guerre heureuse pour lui, il y a aussi l'amour.

Bonaparte est toujours **fou amoureux**[13] de Joséphine. Nous avons des lettres ardentes où il lui décrit chacune de ses victoires. Ses sens sont en feu, une « **âme brûlée**[14] » que la jalousie dévore… Jalousie qui n'est pas sans cause. Joséphine, à Paris, s'amuse. Elle se moque de son mari, simule **une grossesse**[15] pour ne pas le rejoindre. Ses mensonges[16], parfois il ne veut pas les voir, parfois il les devine[17] et

---

[11] les moyens = the means
[12] un médecin ≈ un docteur
[13] fou amoureux = madly in love ; fou = crazy
[14] âme brûlée = burnt soul
[15] une grossesse = a pregnancy

désespère. De plus, les Directeurs ont peur que le jeune général soit distrait s'il a sa femme près de lui. Ils la retiennent et elle ne demande pas mieux que d'être retenue. Pour qu'elle réalise que ce petit Bonaparte est quelqu'un, il faudra que ses batailles provoquent du bruit jusqu'à Paris. Quand viendra-t-elle le rejoindre sur le théâtre de ses exploits ? Bonaparte, amoureux exalté de l'infidèle, est presque ridicule. Les « vieilles moustaches » pensent qu'il montre trop le portrait de sa femme aimée, qu'il rejette trop les belles femmes milanaises qui s'offrent au général libérateur.

**Peu importe**[18]. La romance de Napoléon et de Joséphine ajoute à la campagne d'Italie un accompagnement d'amour. Déjà, l'image d'une femme, de la sensibilité, un fond[19] de tristesse derrière la luminosité de la gloire, commencent à former sa figure et son bagage légendaires. Roederer explique : « Bonaparte, à la guerre, dans ses proclamations, a toujours quelque chose de mélancolique. » Par exemple, ses lettres à sa femme aimée, brûlantes de passion, souvent de rage, sont aussi hantées[20] par l'idée de la mort. Grand contraste avec la joie de la victoire qu'il poétise. Contraste plus grand avec cette « faculté de géométrie transcendante » qu'il applique à l'art de la guerre, cette révélation d'un grand capitaine, maître du temps et de l'espace. Il semble dominer et déstabiliser ses adversaires.

---

[16] un mensonge = a lie
[17] deviner = to guess
[18] peu importe = it doesn't matter
[19] un fond = a background
[20] hantées = haunted

Ce n'est pas tout. Le politicien se révèle. Avec une maturité qui est au-dessus de son âge, il se domine, il se modère dans la victoire, jugeant bien que, avec sa petite armée, tout succès pose un problème. En effet, **à chacun de ses pas**[21] **en avant**, il laisse derrière lui des populations dont il n'est pas sûr. Une imprudence est suffisante pour perdre rapidement le résultat de toute la campagne. Dans cette Italie dont la carte géographique est **aussi divisée que**[22] **les opinions**, il n'y a pas seulement les Autrichiens, mais deux rois, des Républiques, des grands-ducs et le pape[23] à Rome. Il ne doit pas réunir tout le monde contre lui. Alors, en même temps qu'un grand militaire, il se révèle un politicien expert.

Bonaparte (depuis quelques jours, il signe les lettres comme cela, abandonnant pour toujours le « Buonaparte ») commence son offensive le 9 avril 1796. Comme en 1794, il a devant lui les Piémontais et les Autrichiens. Le 14, après les batailles de Montenotte, de Millesimo, le combat de Dego, il les sépare. Le 17, les Français arrivent sur la colline[24] de Montezzemolo, d'où ils découvrent la plaine : « Le grand général Annibal a traversé les Alpes », dit Bonaparte en s'adressant à l'intelligence du soldat « nous reprenons sa route. » Le 21, pendant que le général autrichien Beaulieu, battu, regroupe ses forces, le général piémontais Colli est battu à son tour à Mondovi. En deux semaines, la route du Piémont et la route de Lombardie ont été ouvertes. Le roi

---

[21] à chacun de ses pas en avant = with each of his steps forward
[22] aussi divisée que les opinions = as divided as the opinions
[23] le pape = the pope
[24] la colline = the hill

Vittorio-Amedeo demande une suspension d'armes et Bonaparte l'accorde.

Ici apparait le premier acte d'indépendance du jeune général. Normalement, il n'a pas le droit, pas le pouvoir de signer un armistice. Bonaparte passe au-delà[25]. Déjà, il s'émancipe. Ses victoires, les drapeaux[26] et les millions qu'il envoie d'Italie font oublier sa désobéissance. Le Directoire a besoin de succès et d'argent. Bonaparte, qui connait bien le gouvernement, le méprise[27] mais montre un peu de respect pour les apparences. Concernant Saliceti, qu'il connaît encore mieux et qu'il n'aime pas plus, et qui est responsable de surveiller Napoléon, il le distrait en lui donnant la responsabilité de la trésorerie. Les hommes, il commence à les connaître, à les traiter basé sur leur mérite.

Il a deux options. Il doit, selon les circonstances, apporter la révolution au Piémont et détrôner le roi de Sardaigne, ou au contraire, collaborer avec les Piémontais et créer une « alliance avantageuse ». Sa tâche est, avant tout, de battre les Autrichiens et de les chasser d'Italie. Il va directement à l'essentiel. Il n'a pas le temps de détrôner les despotes quand ce n'est pas nécessaire. De plus, ce n'est pas avec trente mille hommes qu'il peut vaincre l'Autriche et imposer les principes français aux Italiens si les Italiens ne les demandent pas. Concernant les plans du Directoire, Napoléon exécute juste ce qu'il y a de plus simple

---

[25] au-delà = beyong
[26] un drapeau = a flag
[27] Bonaparte le méprise = Bonaparte despises it

et de plus pratique. Il n'a rien contre les représentants de la vieille cour royale de Turin. Son armée d'Italie doit **se débarrasser**[28] **de** l'adversaire autrichien, ce roi de Sardaigne peut rester sur son trône. Le négociateur débutant sait **à la fois**[29] rassurer et inspirer la peur. En quelques jours, l'armistice est conclu, signé à Cherasco, avec de bons termes, des communications sûres. Le mois d'avril n'est pas fini et le Piémont est déjà neutralisé. À son tour, le duc de Parme, effrayé, se soumet en quelques heures. Celui-là donne deux millions, **des approvisionnements**[30] **et des œuvres d'art**. Bien que Bonaparte ait excédé ses pouvoirs, le Directoire ne dit pas un mot. L'argent qui lui arrive le satisfait pleinement. Il ne critique pas les proclamations où le général Bonaparte, s'adressant aux Italiens, leur promet, avec la liberté, le respect de leur religion.

Ces précautions prises, Bonaparte s'oriente contre les Autrichiens. Même rapidité, même audace calculée, même bonheur. Mêmes victoires sur l'ennemi. Même victoire sur ses propres troupes qui se demandaient si leur général n'allait pas trop vite et trop loin. Le 10 mai, la ville de Lodi est capturée, « coup[31] d'audace extraordinaire », lui acquiert la confiance entière, le cœur du soldat. C'est après cette bataille que les vieux de l'armée d'Italie lui confèrent le titre, qui servira beaucoup sa popularité, de « petit caporal ». C'est après cette journée aussi, de sa propre confession, qu'il imagine son grand avenir pour la

---

[28] se débarasser de = to get rid of
[29] à la fois = at the same time
[30] des approvisionnements et des œuvres d'art = supplies and works of art
[31] un coup = a blow

première fois. « Je voyais le monde s'échapper sous moi comme si j'étais élevé dans les airs », il dira superbement. Il ressentait encore, à Sainte-Hélène, l'euphorie des premiers rayons[32] de la gloire. Il pensait qu'il avait le droit, comme les autres, peut-être plus que les autres, de réclamer tout.

Et comment cette pensée ne serait pas venue à lui ? Il a battu des militaires réputés, le Piémontais Colli, l'Autrichien Beaulieu. Il a ramené la victoire sous le drapeau français. Maintenant, le voilà maître de la Lombardie, d'où l'Autriche est chassée. Alors, sur son cheval, il fait une entrée triomphale à Milan, qui acclame son libérateur. L'Italie est sa conquête. Déjà, il ne permet pas que quelqu'un y touche. Le Directoire, ayant peur, finalement, de ce général trop victorieux et trop peu obéissant, lui ordonne[33] de donner Milan à Kellermann et d'aller lui-même marcher sur Rome et Naples. Ce serait une aventure, mais **il se méfie**[34], avec raison, car plus tard le général Championnet se perdra là-bas. Avec du respect et même avec des flatteries, mais avec fermeté, Bonaparte répond qu'entre Kellermann et lui, le Directoire doit choisir. En termes déguisés, il offre sa démission[35]. Il est certain qu'ils n'oseront[36] pas l'accepter. C'est une preuve de sa force. Il triomphe encore. Le Directoire, dont il n'a pas respecté les ordres, dont il vient de mesurer la faiblesse, il ne le respectera plus jamais. Il a acquis la certitude d'être un homme indispensable, pour le moment, c'est tout ce dont il a besoin.

---

[32] un rayon = a ray ; les rayons de la gloire = the rays of glory
[33] ordonner = to order
[34] il se méfie = he distrusts ; se méfier = to distrust
[35] une démission = a resignation ; démissionner = to resign/to quit
[36] oser = to dare ; ils n'oseront pas = they won't dare

Car, il n'a pas de projets clairs. Comme jusqu'à la fin de sa carrière, il se détermine par les circonstances. C'est le Directoire qui a un plan en Italie. Ce plan consiste à forcer l'Autriche à la paix, une paix qui reconnait l'annexion de la Belgique. Mais la Belgique, avant d'être annexée par la France, était une possession autrichienne, la restitution de la Lombardie à l'empereur autrichien en serait la contrepartie. Ce serait encore mieux, si pour le même prix, on obtient en plus que l'Autriche permette à la France de réunir **la rive**[37] **gauche** du Rhin (qui inclut l'ouest de l'Allemagne). En fait, notre général ne doit pas seulement battre l'Autriche, mais s'installer en Italie aussi fortement que possible pour que le pouvoir de négociation soit plus grand avec la cour impériale de Vienne. Alors, la mission de Bonaparte s'élargit[38]. Chef militaire, il devient chef politique. Il sera en même temps administrateur, diplomate et guerrier, toutes les fonctions d'un chef d'État. Ainsi, avec ses dix-huit mois d'Italie, il ne rapportera pas seulement la gloire militaire la plus brillante, mais, il aura acquis l'expérience, l'habitude du gouvernement.

Quelle école, en effet ! Dans l'agglomération d'États que forme à cette époque l'Italie, il faut **sans cesse**[39] négocier et les arrangements changent chaque jour. Après Lodi, quand il est maître de Milan, il atteint le fleuve de l'Adige, l'Italie centrale se soumet au conquérant. Les villes de Parme et Modène sont à sa merci. Le grand-duc de Toscane reçoit

---

[37] la rive gauche du Rhin = the left bank of the Rhine
[38] élargir = to widen/expand
[39] sans cesse = ceaselessly = constantly = constamment

Napoléon à Florence avec respect et **se dépêche**[40] **de** payer le tribut en argent et œuvres d'art qui prennent le chemin de Paris. Le pape, dont les États sont déjà envahis, envoie un ambassadeur pour solliciter l'armistice. La République de Venise, dont le territoire a été traversé par les Français qui poursuivent le général autrichien Beaulieu vaincu, entre en négociation. Le roi de Naples imite Venise et le Pape. Cependant, il faut faire un siège militaire à Mantoue, où un grand régiment autrichien **s'est enfermé**[41]. Néanmoins, on apprend que l'Autriche lance une nouvelle armée commandée par un chef énergique, le vieux maréchal Wurmser.

Alors, **du jour au lendemain**[42], le pape, le roi de Naples, la République de Venise rompent[43] les négociations. Ils se rejoignent contre les Français. Joséphine est arrivée. Elle arrive bien ! Des Autrichien l'ont presque kidnappée, comme Bonaparte lui-même quelques semaines plus tôt. L'armée française est grandement menacée. Cette fois, l'Autriche a fait un gros effort, appelant avec elle ses Hongrois, ses Croates, ses peuples hétérogènes. De chaque côté du lac de Garde descend une armée puissante, un torrent humain. Certaines positions françaises sont reprises, la route de Milan est coupée, le fleuve de l'Adige est sur le point d'être traversé, après cela, toute l'Italie peut être reperdue. C'est le plus grand péril que Bonaparte ait connu jusqu'ici et il en mesure la gravité. Il éprouve[44] « ce doute en soi-même qu'a

---

[40] se dépêcher de = to hurry to
[41] s'enfermer = to lock up
[42] du jour au lendemain = overnight
[43] rompre = to break ; rompre les négociations = to break off negotiations
[44] éprouver = to experience/to feel

toujours l'homme qui débute sa carrière ». Pour la première fois, troublé par ses responsabilités, sa jeunesse, il assemble un conseil : il propose à Masséna et à Augereau son idée qui peut tout sauver ou tout perdre, car, en cas d'échec, il n'y aura plus de retraite. Son idée, c'est d'abandonner le siège de Mantoue, de concentrer toutes ses forces, d'attaquer et de battre chacune des armées de Wurmser avant qu'elles se rejoignent. Si l'opération rate[45], il faudra évacuer l'Italie... Le 3 août à Lonato, le 5 à Castiglione, il a réussi. Les Autrichiens sont dispersés et cherchent refuge dans les montagnes, mais c'est juste pour se rétablir. La lutte[46] recommence en septembre. Après la journée de Roveredo, Bonaparte pénètre dans le Trentin et poursuit Wurmser. Campagne audacieuse, **étonnante chasse à l'homme**[47] où Bonaparte manque de peu son adversaire qui, redescendu dans la plaine, décide de s'enfermer dans Mantoue.

C'est une création incessante de thèmes stratégiques, une fécondité de mouvements et de surprises. Le calcul est toujours lucide. « On laisse à la chance seulement ce qu'il est impossible de lui retirer. » La présence d'esprit est retrouvée après les échecs. Tout cela illustre le génie napoléonien dans la guerre, ce que l'écrivain Chateaubriand appelle « les inspirations du poète ». Le jeune général Bonaparte est différent et on remarque déjà que, loin de sa présence, l'action s'affaiblit, même sous ses meilleurs lieutenants. Ce n'est pas tout. Ces batailles

---

[45] rater = échouer = to fail
[46] la lutte = le combat = the fight
[47] étonnante chasse à l'homme = astonishing manhunt

impétueuses étendent sa réputation et ont pour conséquence de grandir ce personnage politique qui est né.

Il se différencie. Pendant qu'il est victorieux à Milan, à Modène, à Bologne, à Ferrare, à Vérone, le général français Moreau est forcé de se retirer sur le Rhin après la défaite infligée par l'archiduc autrichien Charles. Tous les espoirs sont sur Bonaparte. Désormais, il est seul contre l'Autriche.

Le Directoire comprend que la situation est dangereuse. Peut-être qu'une paix honorable peut être conclue ? Ils n'y croient pas vraiment. Mais pour la politique intérieure, pour les élections, il sera utile d'être capable de dire qu'on a essayé de négocier la paix. Le premier ministre anglais Pitt, allié de l'Autriche, a une humeur[48] similaire. Des discussions sont organisées à Paris. Mais la République française ne s'humilie pas devant l'Angleterre. En présence de l'ambassadeur anglais Lord Malmesbury et « pour forcer le gouvernement britannique à négocier sincèrement », un décret interdit des marchandises anglaises dans **toute l'étendue**[49] **de** la République. C'est la continuation d'une pensée révolutionnaire qui va encore fleurir avec le projet du blocus continental européen. Futur successeur du Directoire, Napoléon, lui aussi, croira que pour contraindre[50] le gouvernement britannique à négocier, il faut simplement pénaliser son commerce et ses marchands.

---

[48] une humeur = a mood ; un humour = a sens of humor
[49] toute l'étendue de = all the extent of
[50] contraindre = forcer

Bientôt, Lord Malmesbury rentre à Londres sans que les conversations aient donné un résultat. Elles ont échoué concernant la Belgique. Pas d'accord possible. Delacroix, le ministre des Affaires étrangères, a dit à Malmesbury que la Belgique, étant réunie « constitutionnellement » au territoire, ne peut plus s'en séparer. D'ailleurs[51], le peuple français ne le permettrait pas. Les discussions sont rompues le 21 décembre. Le 29, Pitt déclare au Parlement que « l'Angleterre ne consentira jamais à la réunion de la Belgique à la France ». C'est la guerre pour un temps indéfini. La République aura besoin d'un militaire habitué à la victoire. Il y en a juste un, celui qui, en ce moment, essaye de préserver l'Italie. C'est pour ces raisons que le jeune général, déjà maître de la guerre, deviendra le maître de la paix.

Il doit encore faire des campagnes pour que la cour de Vienne consente à négocier. En novembre 1796, Bonaparte a déjà fait cinq campagnes en sept mois. L'Autriche, forte grâce à ses ressources d'une vaste monarchie continue sa « magnifique défense ». Un autre maréchal autrichien, le meilleur peut-être, Alvinzi, arrive pour délivrer Mantoue et Wurmser. Bien que Bonaparte ait augmenté son nombre de soldats, la situation est difficile. Il gagne encore par son génie inventif, la rapidité de ses manœuvres. Il ne dort pas beaucoup et a la fièvre. Il est si fatigué et si maigre qu'on croit qu'il a bu du poison. La fameuse scène pendant la bataille sur le pont d'Arcole arrive, si bonne pour son image : notre général en chef se précipite en avant, un drapeau à la main, pour donner

---

[51] D'ailleurs = De plus = Moreover

l'exemple et encourager les troupes. Le général Lannes est blessé, Muiron tué en couvrant Napoléon avec leurs corps. Il tombe lui-même dans l'eau. Son frère Louis et Marmont le récupèrent juste avant que l'ennemi le capture. Enfin, après trois dures journées, Alvinzi est battu mais s'échappe. Au moins, la retraite de cette armée redoutable[52], dont l'arrivée a troublé les plus braves, a redonné aux Français « la confiance et le sentiment de la victoire ».

Il y a une pause où les adversaires reprennent leurs forces. En janvier 1797, sixième campagne. Alvinzi, rentré en bataille, est encore battu à Rivoli et son lieutenant Provera, qui a franchi[53] l'Adige pour débloquer Mantoue, capitule. Cette fois, Wurmser, encore sous le siège militaire, doit **se rendre**[54]. Bonaparte donne à ce vieux soldat des conditions honorables. « Scène remarquée dans toute l'Europe ». L'illustre généralissime autrichien doit donner son épée à un vainqueur qui n'a pas trente ans.

Bonaparte ne se repose[55] pas. Il sait que sa situation reste difficile, que l'Autriche n'est pas encore vaincue, que l'Italie, qui semble servile, se tournera contre lui à son premier échec. Le Directoire ne rend pas sa tâche plus facile. Il lui envoie toujours des ordres auxquels il ne faut pas obéir parce que, mal calculés, l'application en serait désastreuse. Le directoire lui envoie même Clarke, un espion[56], pour

---

[52] redoutable = fearsome/redoubtable
[53] franchir = to cross
[54] se rendre = surrender
[55] se reposer = to rest
[56] un espion = a spy

négocier avec l'ennemi, si nécessaire, à la place de notre général en chef. Le Directoire se méfie de Bonaparte, qui est surveillé, mais aussi devenu indispensable. Le Directoire ne peut même pas lui refuser les remerciements et les éloges, car il est le seul qui gagne des batailles et qui apporte l'espoir de la paix dont le besoin grandit en France. Bonaparte méprise le Directoire.

Il est en Italie depuis moins d'un an, il est convaincu par son expérience de tous les jours que le gouvernement de la République ne comprend rien aux affaires italiennes. Il y a les hommes, il y a les choses, mais lui, il s'élève au-dessus des sentiments et des fanatismes. Il les juge. **Il s'en sert**[57] aussi. Ce sont des forces qu'on doit utiliser. Pour les Italiens, Napoléon est au-dessus des partis, il est l'arbitre conciliateur. L'Italie de cette époque est un corps sans tête. Grâce aux livres qu'il a lus, Bonaparte est capable de manipuler les différentes régions pour former une république. Sa lecture de l'histoire ecclésiastique l'aide à négocier avec le pape lui-même.

Déjà, après la victoire de Lodi, il a négocié avec un ambassadeur du pape. Le souverain de Rome demandait un armistice. Pour apaiser les catholiques italiens, leurs prêtres et leur clergé, Bonaparte a besoin du souverain spirituel. Alors, il fait un arrangement avec la religion. Cependant, ses lettres pour le Directoire parlent avec mépris des « employés de Dieu ». D'autre part[58], il doit prendre des précautions

---

[57] Il s'en sert = he uses it ; se servir de quelque chose = to use something
[58] D'autre part = De plus

aussi avec les soldats républicains qui sont contre la religion. Alors, une politique imposée par les circonstances s'élabore dans son esprit.

Il développe son influence, l'agrandit. Après la retraite d'Alvinzi et la capture de Mantoue, sachant que l'archiduc Charles est un nouvel adversaire qui se prépare, il veut assurer la tranquillité à l'arrière et empêcher[59] une insurrection. Des négociations de paix sont reprises à Tolentino avec le pape. S'il écoutait les suggestions du Directoire, notre vainqueur de Rivoli irait à Rome pour y détruire le « culte romain », le « fanatisme » et « l'inquisition ». Bonaparte pourrait, en donnant un ordre, renverser[60] et ruiner entièrement le pouvoir pontifical. Cet ordre, il ne le donne pas. Non seulement il ne le donne pas, non seulement il ne touche pas les affaires de l'Église, mais il ose s'annoncer aux populations croyantes[61] comme le « protecteur de la religion ». Par un mouvement de générosité habile[62], il empêche la persécution des prêtres français émigrés qui s'étaient réfugiés en terre pontificale pendant la Révolution. Cette politique qu'il applique en Italie, il semble qu'il l'imagine déjà aussi pour la France.

Est-il exagéré de dire comme son frère Joseph que « les proclamations du général de l'armée d'Italie Napoléon annonçaient assez clairement que s'il arrivait au pouvoir, il établirait un gouvernement qui ne serait pas une république » ? Miot de Melito, agent

---

[59] empêcher = to prevent
[60] renverser = to overthrow
[61] une personne croyante/un croyant = a believer
[62] habile = skilled/clever

diplomatique de la République en Toscane, note de son côté qu'il trouve dans le vainqueur de Lodi « l'homme le plus éloigné[63] des formes et des idées républicaines ». Mais surtout, Miot, expert en affaires, ajoute : « J'ai reconnu dans son style concis et plein de mouvements, même si inégal et incorrect, dans la nature des questions qu'il m'a posées, un homme qui ne ressemblait pas aux autres. J'ai été frappé[64] par l'extension et par la profondeur des visions militaires et politiques qu'il indiquait et que je n'avais jamais vues chez les autres généraux de notre armée d'Italie. »

C'est seulement le début d'un grand avenir. L'Italie réserve d'autres succès à son conquérant. En France, à l'intérieur comme à l'extérieur, les circonstances travaillent pour lui. Une nouvelle date critique arrive pour le Directoire, pendant que Bonaparte sera le seul général victorieux de la République. Moreau et Jourdan ont été complètement chassés d'Allemagne. Hoche, va bientôt mourir. Tous les yeux sont fixés sur le général Bonaparte. Son nom, qu'on prononçait mal un an plus tôt, maintenant **vole sur toutes les lèvres**[65] des Français. Les gens commencent à penser que si quelqu'un peut établir les frontières naturelles et le repos, la gloire et la paix, en d'autres termes finir la Révolution, c'est lui.

---

[63] éloigné = distant ; loin = far
[64] j'ai été frappé = I was struck ; frapper = to hit/to strike
[65] vole sur toutes les lèvres = flies on all the lips

# CHAPITRE VII

## LE MAÎTRE DE LA PAIX

Les historiens de Bonaparte qui écrivent trop concernant ses campagnes militaires n'aident pas à voir clairement. Cette gloire des armes éblouit[1]. Elle rejette le reste dans une sorte d'ombre[2]. Pour Napoléon, virtuose de la stratégie et, peu à peu, devenu trop sûr de son instrument et de lui-même, l'art militaire n'était pas tout. Il était juste un moyen. Mais, en Italie, il est vrai que ses faits de guerre comptent beaucoup pour l'explication de sa réussite. D'abord, cela l'a rendu illustre. Puis, par l'intelligence, il a su marier cette compétence militaire à la politique. Cela a fait de lui, en peu de temps, plus qu'un général victorieux. Surveillant à la fois l'ennemi, l'Italie, la France,

---

[1] éblouir = dazzle/impress
[2] une ombre = a shadow

attentif aux évènements de Paris, capable de saisir les mouvements de l'opinion publique, de calculer les forces des deux grands courants : celui de la révolution guerrière et celui de la réaction pacifique. On le voit s'élever peu à peu à un plus grand rôle que celui de proconsul d'Italie. Il influence la marche des choses. Il devient l'homme dont on pense qu'il permet d'obtenir tout ce qu'on désire et qu'il réconcilie tout. Donc, il faut encore le suivre dans ses marches contre les Autrichiens et dans les résultats qu'il tire de ses succès.

L'Autriche, à cette époque, c'est l'Empire. Quand l'Autriche est vaincue, il n'y a plus d'adversaire en Europe qui compte. La Prusse, qui a mangé la Pologne, a fait la paix avec la France depuis deux ans. La Russie est trop loin. Notre général républicain qui, dix-huit mois plus tôt, marchait partout dans Paris désespéré et sans travail, va négocier avec l'empereur d'Autriche.

Le conseil impérial de Vienne a encore un seul militaire pour s'opposer à Bonaparte, mais c'est le plus illustre de tous, c'est l'archiduc Charles, celui qui a expulsé les généraux français Marceau et à Jourdan et qui a ruiné l'espoir d'une jonction entre les armées françaises d'Allemagne et d'Italie pour marcher sur la capitale de l'Autriche. Au moment d'attaquer l'archiduc, Bonaparte demande vainement à Paris que l'offensive recommence en Allemagne. Il n'est pas écouté. Rien n'est fait. Le Directoire est sans force, sans décision. Pour cette campagne d'Italie, la dernière, Bonaparte est seul. Donc, il ne partagera le succès avec personne. Seulement, par son insistance, il recevra de l'armée française d'Allemagne des renforts[3] importants qui lui donneront pour la première fois l'égalité numérique avec l'ennemi et qui lui permettront de finir plus tôt.

Cette septième campagne n'est pas vraiment une victoire. C'est juste une longue marche en avant, une marche victorieuse contre l'armée de l'archiduc qui recule. Les Français traversent le fleuve italien Tagliamento et le fleuve Isonzo. En moins de trois semaines, les Autrichiens sont rejetés au-delà[4] des Alpes, la route de Vienne est ouverte. La famille impériale évacue ses possessions les plus précieuses et pense à fuir[5]. Là-bas, une petite fille de cinq ans est envoyée en Hongrie, loin de ces effrayants soldats républicains qui approchent. Elle s'appelle l'archiduchesse Marie-Louise[6].

Notre vainqueur, pourtant, ne pense pas à aller jusqu'à Vienne. Il n'a pas les moyens pour cela. Même s'il est prudent, s'il traite bien les populations et les rassure, il craint[7] encore une insurrection derrière lui. L'archiduc Charles, de son côté, **a intérêt à**[8] signer l'armistice. Le 2 avril 1797, la cour de Vienne se décide aux négociations de paix.

---

[3] des renforts (masculin)= reinforcements
[4] au-delà = beyond
[5] fuir = s'échapper
[6] Marie-Louise d'Autriche sera la deuxième femme de Napoléon
[7] il craint = he fears ; craindre = avoir peur = to fear
[8] il a intérêt à = it is in his interest to

Le général vainqueur accepte la paix pour des raisons militaires et aussi pour des raisons politiques. Dans ces évènements, encore une fois, sa vision est juste. On va bientôt voter en France et le résultat est prévu[9]. Un mouvement politique de droite va changer la majorité des Conseils. Cette droite, constituée de modérés, libéraux, monarchiens, purs royalistes, est pour la paix. En somme, ce sont les gens que notre général en chef de l'armée d'Italie a canonné à l'église Saint-Roch. Ils le détestent et il ne les aime pas. S'ils prennent le pouvoir, ils expulseront notre militaire républicain de son commandement. Mais s'il devient, avant, l'homme de la paix, il sera **hors d'atteinte**[10]. De plus, cette paix va garantir la Belgique à la République au moins et peut-être une partie de la rive gauche du Rhin. Les patriotes ne pourront rien lui reprocher. Ainsi, toutes ces circonstances font de Bonaparte l'arbitre de la situation.

Les élections aux Conseils ont lieu[11] le 10 avril. Elles sont réactionnaires, elles donnent la majorité aux partisans de la paix. Le 18, à Léoben (ville d'Autriche) Bonaparte signe les préliminaires de paix sans attendre l'arrivée de Clarke qui a pouvoir du gouvernement pour traiter.

Bonaparte a pris l'habitude d'**avoir carte blanche**[12]. Souvent, en réponse à ses rapports, il a lu : « Vous avez la confiance du

---

[9] prévu = attendu = expected
[10] il sera hors d'atteinte = he will be out of reach
[11] elles ont lieu = they take place ; avoir lieu = to take place
[12] avoir carte blanche = permission de dicter ses conditions

Directoire pour décider. » Alors, il fait la paix à sa manière. D'abord, il se présente comme un soldat pacifique. Sa rédaction est éloquente, il utilise beaucoup d'images littéraires. À Paris, Joséphine et les quelques amis **prennent soin**[13] d'alimenter sa gloire. Ils commandent des gravures où l'on voit le général de l'armée d'Italie au tombeau de Virgile (célèbre poète de la fin de la République romaine). La force et le génie de Bonaparte, c'est d'avoir plusieurs styles, plusieurs figures. Il écrit à l'archiduc Charles en lui proposant de suspendre les opérations militaires : « Avons-nous tué assez de gens et commis assez de douleur à la triste humanité ? **Quant**[14] **à moi**, si l'ouverture de négociation, que j'ai l'honneur de vous faire, peut sauver la vie à un seul homme, je m'estimerai plus fier de cela que de la triste gloire qui peut être obtenue des succès militaires. » Voilà qui est bien parlé pour satisfaire la nouvelle majorité parlementaire et pour ceux qu'il appelle les « curieux de Paris ».

Être l'homme de la paix sans être l'homme des anciennes limites territoriales, c'est le jeu subtil que Bonaparte joue et gagne à Léoben. Car, il fait attention à ne pas froisser[15] les patriotes. Qui est chargé de porter à Paris le texte des préliminaires ? Un soldat, un beau soldat de la Révolution, Masséna, le héros de Rivoli, « l'enfant chéri[16] de la victoire ». Ce n'est pas tout. Bonaparte veut absolument garder son proconsulat d'Italie qui, pour le moment, fait sa position

---

[13] prendre soin/soigner = to take care
[14] Quant à moi = As for me
[15] froisser quelqu'un = to offend someone
[16] chéri = cherished ; mon chéri = my honey/darling

et sa force. Son proconsulat, il le conservera par l'habileté et le succès de ses négociations. Il ne faut pas, contrairement aux idées du Directoire, restituer la Lombardie à l'Autriche pour la dédommager[17] de la Belgique et de la rive gauche du Rhin. Alors, Bonaparte suggère que l'empereur autrichien, renonçant à Milan, reçoive une compensation **aux dépens**[18] **de** la République de Venise. L'Autriche accepte ce partage comme elle avait accepté, dans le passé, celui de la Pologne. Le Directoire est d'accord avec ce démembrement, mais il regrettera plus tard d'être retourné à la politique des compensations, au trafic des peuples, à ces péchés[19] contre l'idéalisme républicain.

Bonaparte a calculé juste. Après ces fameux préliminaires de Léoben et en attendant la paix définitive, il est, d'une certaine manière, le souverain de l'Italie. Protecteur de la République cispadane et de la nouvelle République transpadane (la Lombardie), il dicte sa loi à Gênes, au pape, au roi de Naples et le roi de Sardaigne est son auxiliaire. Il gouverne. Il règne. Car, les Républiques qu'il a créées sont Républiques juste par le nom. Tout passe par lui. « Il faut une unité de pensée militaire, diplomatique et financière », écrit-il à Paris audacieusement. Ce commandement d'un seul homme est réalisé. Il l'a entre ses mains et le Directoire lui laisse parce que Bonaparte, au moins jusqu'à la paix, reste l'homme indispensable en Italie. Napoléon voudra plus.

---

[17] dédommager = compenser
[18] aux dépens de = at the expense of
[19] un péché = a sin

C'est l'apprentissage de la monarchie. On comprend mieux comment, plus tard, Napoléon est si vite à l'aise dans le rôle de premier Consul des Français et d'empereur. En effet, on le voit au château de Mombello, près de Milan, résidence où il a une vie de prince, où Joséphine est presque reine. Il a déjà une cour, il donne des fêtes. Les diplomates étrangers l'entourent[20], les écrivains, les poètes d'Italie adorent le sauveur, le libérateur, l'homme providentiel. Il va transposer tout cela à Paris trois ans plus tard. Le général Bonaparte a tiré sa famille de l'embarras. Déjà, sa gloire se reflète sur ses frères, leur apporte honneurs et profits. Joseph est élu[21] député dans la Corse et nommé président de la République à Parme. Lucien est commissaire des guerres et, toujours passionné de politique, prépare aussi une candidature de député. **Tous deux**[22] deviendront riches, ils se pousseront derrière le héros de la famille. Quant à ses sœurs, le général Bonaparte peut leur donner de l'argent. Elisa, sans beauté, épouse Bacciochi, un pauvre Corse, mais noble. Il faut empêcher la belle Pauline de faire un mariage embarrassant avec Fréron, ex-terroriste. On lui donne un militaire de haute valeur pour le remplacer, le général Leclerc.

Les pensées de notre général en chef pendant les trois mois de sa résidence à Mombello, nous n'avons pas besoin de les reconstituer par hypothèse. Elles nous sont livrées[23] par des témoins

---

[20] entourer = to surround
[21] élu = elected ; élir = to elect
[22] tous deux / les deux = both
[23] livrées = delivered ; livrer = to deliver

devant lesquels il parlait avec un cœur ouvert. Il continue à suivre avec attention les évènements politiques de Paris. Sa préoccupation dominante et naturelle est de savoir ce qu'on fera de lui et ce que deviendra son commandement. Il veut se maintenir en Italie. Il juge très bien que, pour le moment, sa force est là. Il n'aime pas « ces avocats du Directoire », il n'a pas obtenu ses victoires pour « faire la grandeur des Carnot, des Barras », pas même pour consolider la République « Quelle mauvaise idée, une République de trente millions d'hommes avec notre morale, nos vices ! ». Il a cessé d'être républicain de cœur et de théorie. À Mombello, en juin, il en parle longuement devant Miot : « Il y a, à Paris, un parti politique pour les Bourbons. » En effet, les modérés, les royalistes, gagnent de l'influence et prennent des places. Un des leurs, Barthélemy, homme de l'ancien régime royaliste, a pris une place importante parmi les Directeurs. Bonaparte envoie à Paris son aide de camp Lavalette et le charge de « promettre son soutien[24] à la portion du Directoire qui conservera mieux les couleurs de la Révolution ».

Mais, il hésite **au sujet de**[25] la paix. Depuis Léoben, son prestige est considérable parce qu'il a arrêté les hostilités. De plus, si finalement les préliminaires ne se transforment pas en traité solennel de paix, si l'Autriche, au dernier moment, s'échappe et si la guerre reprend, Napoléon sera encore l'homme indispensable et, pour cette raison, on doit le préserver. La paix « n'est pas dans son intérêt », au moins, pas pour le moment. D'autre part, il est difficile pour lui de

---

[24] le soutien = the support ; soutenir = to support
[25] au sujet de = concernant

faire échouer la paix. Choix délicat. Une fois la paix conclue, il devra renoncer « à ce pouvoir, à cette haute position » où ses victoires l'ont placé. Il ne veut pas sortir de la scène pour « retourner flatter les politiciens de Paris », dans un rôle secondaire. Il confie[26] à Miot : « Je ne voudrais pas quitter l'armée d'Italie sauf[27] pour jouer un rôle en France similaire à celui que je joue ici. Le moment n'est pas encore venu... Alors, la paix peut être nécessaire pour satisfaire les désirs de nos curieux de Paris. Si elle doit être faite, je veux la faire moi-même. Si je laissais à quelqu'un d'autre avoir ce mérite, cela le placerait plus haut dans l'opinion publique que toutes mes victoires. »

La signature du traité de Campo-Formio arrive : la paix est déclarée entre l'Autriche et la France, la guerre continue seulement avec l'Angleterre. Cet acte est irréprochable concernant sa carrière et l'avenir. En ce moment, le conflit est ouvert entre la gauche et la nouvelle majorité des conseils. Bonaparte se positionne pour la gauche, clairement. À l'occasion du 14 juillet, son ordre du jour à l'armée d'Italie est un manifeste de loyauté républicaine : « Sur nos drapeaux, nous jurons la guerre aux ennemis de la République ». C'est le signal, dans le meilleur style républicain, par lequel l'armée d'Italie se met à la disposition du gouvernement de la République.

Si les royalistes, les modérés, menaçaient de prendre le contrôle, Bonaparte prendrait peut-être quelques divisions pour marcher sur Paris. Mais il est plus intelligent, plus calculateur que

---

[26] confier = to confide
[27] sauf = except

Hoche qui va commettre une erreur maladroite[28], par manque de réflexion et de patience. Se comparant à ce rival, Napoléon dira plus tard à Sainte-Hélène : « Mon ambition à moi était plus froide ; je ne voulais rien risquer. Je me disais toujours : laissons aller, voyons tout ce que cela deviendra. »

Les tensions politiques augmentent à Paris. Pendant ce temps, Bonaparte se promène au lac Majeur avec Joséphine. Il continue lentement les négociations avec l'Autriche pour la paix définitive. Il semble détaché de ce qui se passe en France.

Alors arrive cette chose étrange : notre guerrier est plus pacifique que « les avocats de Paris ». En effet, les hommes du Directoire décident de continuer à conquérir et de refuser de céder **quoi que ce soit**[29] à l'Autriche. Ils veulent, avec la Belgique, la rive gauche entière du Rhin, l'Italie jusqu'à l'extrémité de la botte. Aussi, ils commencent déjà à regarder la Turquie et l'Égypte. Si l'Autriche refuse, on reprendra les hostilités, on détrônera la maison autrichienne Habsbourg, on proclamera la République à Vienne. Bonaparte s'oppose à ces folies. Pour cela, il offre sa démission, c'est devenu une habitude car il sait que le Directoire ne résiste pas à cette menace. Alors, notre dieu de la guerre apparait, encore une fois, être le modérateur. Il trouve un auxiliaire, Talleyrand, devenu ministre des Affaires étrangères. Cet homme réduit les chocs entre les Directeurs belliqueux et notre « général pacificateur ». Talleyrand comprend la

---

[28] maladroit(e) = clumsy
[29] quoi que ce soit = whatever it is/anything

pensée de Bonaparte et anticipe sa destinée. Cette homme de l'ancien régime plait[30] obscurément à Bonaparte et l'avenir probable de Bonaparte plait à Talleyrand. Cette longue relation commence ici.

Ainsi la paix est glorieuse, mais raisonnable, si on la compare à celle demandée par Paris. Bonaparte négocie courtoisement avec les délégués autrichiens. Une seule fois, il s'énerve contre le délégué Cobenzl, dont l'impassibilité l'irrite. Dans un mouvement brusque, il casse un service de porcelaine. Cependant, il embrasse Cobenzl après avoir signé le traité de Campo-Formio, le 17 octobre 1797. Cette transaction, ce compromis, partagent l'Italie avec l'Autriche. L'empereur d'Autriche renonce à la Belgique, possession excentrique relativement inintéressante pour lui. La cour de Vienne ne redemandera même pas la Belgique après la défaite française de Waterloo, en 1815. La Belgique, c'était une affaire entre la France et l'Angleterre.

Au total, et ceci est d'une grande importance pour la suite des évènements, Campo-Formio, paix relativement modérée, ne fixe pas les frontières naturelles et le statut de l'Europe. En effet, l'Angleterre n'a aucune part. Cette paix serait révocable aussi longtemps que l'Angleterre ne l'accepterait pas. Elle accepterait uniquement si elle était forcée dans son île. Jusqu'alors, les guerres continueraient toujours. L'Autriche le sait et cherche uniquement à gagner du temps et à sauver ses forces. Pour l'Autriche, c'était un moment à passer.

---

[30] plaire = to please ; il plait = il est apprécié = he pleases

Sans doute, ce moment a été plus long qu'elle l'imaginait, dix-sept ans. Mais considérant l'histoire, ce n'est pas beaucoup.

Car, nous sommes maintenant seulement aux circonstances qui ont transformé Bonaparte en un homme important et célèbre. Cependant, nous sommes distants encore de dix-sept ans de sa chute et le pouvoir n'est même pas encore entre ses mains.

Il veut le prendre, mais comment ? Marcher sur Paris avec ses troupes ? Idée d'enfant, bonne pour se perdre. Pour qu'il devienne « le maître », il faudra des évènements qui ne se sont pas encore passés. La République n'a pas confiance en notre « général pacificateur » que Paris acclame[31] un peu trop. Alors, neuf jours après l'échange des signatures du traité de paix, les Directeurs décident de séparer Bonaparte de « son » Italie où il est « souverain plus que général ». Il faut qu'il s'incline ou qu'il se révolte.

Bonaparte s'incline. Oh ! il le fait avec rage. À Turin, sur le chemin du retour, laissant derrière lui ses victoires, Mombello, cette belle Italie où il a presque régné, il confie à Miot qu'il ne peut plus obéir. « J'ai goûté au commandement et je ne peux plus y renoncer. » Alors, il imagine des projets : quitter la France, être remarqué par « quelque expédition extraordinaire qui augmentera sa renommée ».

---

[31] acclamer = to cheer

Le Directoire **n'a pas hâte**[32] de le revoir. Il est nommé au commandement de l'armée d'Angleterre, l'armée d'invasion qui doit dicter la paix finale à Londres. C'est un rêve qui revient périodiquement et qui reviendra encore. Mais cette expédition a besoin, un très grand besoin, d'être organisée. Elle ne presse pas. Les Directeurs désirent surtout que Bonaparte, distant de ses conquêtes, n'apparaisse pas trop vite à Paris dans la lumière de ses victoires pacificatrices. Alors, ils ont l'idée, qui leur semble subtile, d'envoyer notre négociateur de Campo-Formio au Congrès de Rastadt, en Allemagne, pour que les gens l'oublient un peu.

Cependant, ils ne savaient pas que, pour Bonaparte, rien n'était perdu. Ils ont eux-mêmes, non seulement compléter sa formation d'homme d'État et de chef d'État, mais ils l'ont présenté au reste de l'Europe. Il connaissait déjà l'Autriche, le pape, les rois, les ducs et les républiques d'Italie. À Rastadt, même s'il reste pour un séjour court, c'est toute l'Allemagne, toutes les cours allemandes qu'il fréquente[33]. À ce Congrès, il réussit tout de suite si bien, il prend **tant**[34] **de place**, que, de nouveau, les Directeurs s'alarment. Ils ne savent pas où ils aiment mieux le voir. Alors, ils le rappellent à Paris avant qu'il ajoute à la gloire qu'il a déjà, la cession de la rive gauche du Rhin par l'Empire germanique.

---

[32] avoir hâte = to be excited/to look forward to
[33] fréquenter = to attend
[34] tant de place = so much space

L'obtenir n'est rien. La garder avec le reste serait difficile. Ainsi, à chaque pas que la Révolution faisait, le gouvernement d'un soldat militaire d'expérience devenait plus nécessaire.

# FIN DE LA PARTIE 1

Bravo pour la lecture de ce livre et pour ta progression en français !

Pourrais-tu laisser ton commentaire sur Amazon avec ce lien :

https://bit.ly/amazonnapoleon

## LES AUTRES ADAPTATIONS DISPONIBLES :

https://amzn.to/3jwSZ9j

- Les Trois Mousquetaires, d'Alexandre Dumas, partie 1
- Les Fourberies de Scapin, de Molière, complet
- Arsène Lupin, de Maurice Leblanc, partie 1 et 2
- Le Comte de Monte-Cristo, d'Alexandre Dumas, partie 1
- Les Misérables, de Victor Hugo, partie 1
- Candide, de Voltaire, partie 1
- Madame Bovary, de Gustave Flaubert, partie 1
- Bel-Ami, Guy de Maupassant, partie 1
- Biographie de Napoléon, partie 1
- Les Liaisons dangereuses, Choderlos de Laclos, partie 1